The Last Lecture

最後の講義 完全版

映画とは“フィロソフィー”

Movie is “philosophy”

大林宣彦

Nobuhiko Ohbayashi

「最後の講義」(NHK)は、
知的最前線に立つスペシャリストたちが
「もし今日が最後だとしたら、何を語るか」という問いのもと、
学生たちに対して講義を行い、
それを番組にしたものです。
本書は編集でカットされた未放送分を含め、
最後の講義を再構成した完全版です。
各界の第一人者が“人生最後”の覚悟で
珠玉のメッセージを贈る
「最後の講義」をお楽しみください。

主婦の友社

Contents

序章 映画とはフィロソフィーである

ぼくが今も現役で映画をつくれている理由 …… 8
これが「最後」という覚悟は常にあった …… 11
淀川長治の教えと最後 …… 15
手塚治虫が残したフィロソフィー …… 18
未来のためにぼくは生きなければならない …… 22

第1章 「あの時代」の映画に込められていたメッセージ

古い映画を観る意味はどこにあるのか? …… 28
『七人の侍』とこれからつくられるべき未来の映画 …… 33
『ハワイ・マレー沖海戦』の特撮映像 …… 37
小津安二郎が〝豆腐屋としての映画〟をつくるようになった理由 …… 42

『秋刀魚の味』と『彼岸花』に込められたメッセージ……49
ヌーヴェルヴァーグと戦争……53

第2章

「平和孤児」にとっての戦争、「今の子どもたち」にとっての戦争

戦後に迷子になった平和孤児……60
「モノとカネによる復興」と「清貧」……64
『この空の花 ─長岡花火物語』と人々の魂……66
素晴らしき非常識「憲法9条」……70
戦争と平和、知性と正気……74
戦争を忘れることで戦争を手繰り寄せている日本人……78
今の若い人たちは「戦前」を生きている……81
戦争映画でもある『HOUSE／ハウス』(77)……84
映画によってつないでいく過去と未来……90

Contents

第3章
ネバーギブアップとハッピーエンド

表現はアクションではなくリアクション …… 96
表現者は「ゆるキャラ」になってはいけない！ …… 100
ネバーギブアップというメッセージ …… 103
9・11がもたらしたアメリカ映画の変化 …… 106
新しいネバーギブアップ …… 110
ハッピーエンドなんて、この世にない？ …… 113
祈るように生み出したフィロソフィー …… 116
『真昼の決闘』か、『リオ・ブラボー』か …… 120
今、『花筐／HANAGATAMI』をつくった理由 …… 124

第4章
自分に正直に生きるということ

子どもが見ていた「大人の正体」 …… 130
どうやら日本は負けているみたいだ …… 138

死ななかった自分は卑怯だ……141
談志は言った。「俺はがんなんかで死にたくねえよ」……146
自分がやりたい道を行けるのは平和の証拠……149
「続き」をやることの大切さ……155
「売れる映画」なんてつくったことがない……159

第5章

映画がいらない時代がくるまでは…

「花火」になるか、「爆弾」になるか……164
今、「戦争の気配」が立っている………169
『きけ、わだつみの声』と『ビルマの竪琴』……172
どんな映画をつくるべきか、つくらないでおくべきか……176
ジャンルや技術ではなく、まずフィロソフィーありき……178
「バトンタッチ」でつくっていく平和……181

Contents

終章

最後のメッセージ

「がん」が教えてくれること……190
「シネマゲルニカ」という発想……196
ぼくは130歳くらいまで生きます……200

おわりに……203

※本書は2018年3月に放送されました『最後の講義「大林宣彦」』（NHK）を書籍化しました。著者が語った内容は当時の社会背景をもとにしています。

序章

映画とはフィロソフィーである

ぼくが今も現役で映画をつくれている理由

ご存じのかたも多いと思いますが、ぼくは2016年8月に肺がんの第4ステージで余命3カ月だと告知されました。それからずいぶん生きているので、余命は未然になっているわけです。

がんの宣告を受けたのは、『花筐／HANAGATAMI』という映画の撮影を始めるためにスタッフが佐賀県の唐津市に集まっていた日のことでした。普通は撮影中止にするのでしょうけれども、そうはしませんでした。イレッサという錠剤タイプの抗がん剤が劇的に効いたこともあり、撮影を続けて映画を完成させました。

花筐／HANAGATAMI 2017年公開。原作は檀一雄の小説『花筐』。佐賀県唐津市を舞台にして、太平洋戦争開戦直前の日々を描く。窪塚俊介、矢作穂香、常盤貴子らが出演。

抗がん剤は一定期間飲み続けると別の抗がん剤にかえなければならないので、ぼくもそうしています。その影響で髪の毛がなくなっちゃって、それでこうしてギャングのような帽子をかぶっているんです。こういう帽子をかぶっているだけで、すぐに「ギャングのよう」なんて言っちゃうのは、ぼくが古い映画人だからです。

ハンフリー・ボガートやジェームズ・キャグニー、エドワード・G・ロビンソンなんて名前は、皆さん、知らないかもしれないけれど、有名なギャングスター、俳優さんたちです。この人たちはみんなニューヨーカーなんですよ。かつての映画でギャング役をやっていたのはみんなニューヨーカーだったんです。それが制度のようになっていたんですね。対してマフィアはイタリアの組織が起源で……。

というふうに映画のことになると、どんどん話が膨らんでいきます。

ハンフリー・ボガート 1899-1957。ニューヨーク生まれの俳優。代表作は『カサブランカ』(42年)など。

ジェームズ・キャグニー 1899-1986。ニューヨーク生まれの俳優。代表作は『民衆の敵』(31年)など。

エドワード・G・ロビンソン 1893-1973。ルーマニアで生まれてニューヨークで育った俳優。代表作は『犯罪王リコ』(31年)など。

「最後の講義」と銘打たれた今回の講義に来られた皆さんは、これから未来の映画をつくっていくようになるわけだけど、そのためには過去の映画についてよく知っておくことが大切です。

ぼくが唯一、誇れるのは、今この日本で生きて映画をつくっている人間の中で、誰よりも多く世界の映画を観てきていることです。観てきているからこそ、今も現役で映画をつくり続けられているんです。そして、その映画を、皆さんがびっくりしながら感動して観てくださっている。

そんなわけで、これから過去の話をしていきますが、皆さんの未来に役立つ話だと思って聞いてください。

これが「最後」という覚悟は常にあった

「最後の講義」というタイトルは最初から定められていたので、ぼくはまず、この題名について考えてみるところから始めました。

題名というのはとても大事なものです。映画もそうですね。

ぼくの場合は、余命3カ月と言われてたんですから、本当はもう生きていてはいけない人間です。だから今回は本当に最後の講義になるかもしれないわけですが、ぼく自身はちっともそんな気がしていません。

というのはね。映画を1本つくろうと思えば、少なくとも2~3カ月、長ければ1年以上かかるからです。

『花筐/HANAGATAMI』などは、こしらえるのに40年かかりました。どういうことかといえば、この映画の脚本は40年前に書いていたのに、なかなか映画化できずにいたからです。そういうケースは特別だとしても、1本の映画がクランクインすれば、その先3カ月から1年は命をもたせておかなければなりません。それは映画をつくるうえではいちばん大切な責務なんです。

死というものは、思いがけなくやってきます。

玄関を出た途端に空から何かが落ちてくるかもしれないし、道を歩いているときに車が突っ込んでくるかもしれない。

それでも映画を撮るときは「この映画ができ上がるまでは何があっても死なないぞ」という覚悟を決めています。

だから、つくった映画はいつも、その時点で最後の映画であり、最後の講義と同じ意味を持ちます。

「これが最後だ。これが最後になるかもしれない。しかしこの最後の映画をつくり終わるまでは決して死なず、きちんとつくって未来の人たちに観てもらう。映画を未来に伝えていくんだ！」

常にそういう覚悟でいるわけです。

ぼくはもう80歳の立派な老人なので、そういう覚悟があるのは自然なことのように思われるかもしれません。ですが、「これが最後だ」という感覚は子どもの頃からありました。

「なぜ子どもの頃から？」と思われるかもしれませんが、ぼくは戦争中の子どもなので自然なことです。

ぼくは昭和13年（1938年）に生まれました。日中戦争のさなかです。物心がついた頃には太平洋戦争が始まっていました。

そのため、子どもの頃から、知っている人たちが何人も死んでいきま

日中戦争　1937年の盧溝橋事件から始まった日本と中国の戦争。太平洋戦争に発展していく。

太平洋戦争　1941年12月8日にハワイのアメリカ海軍基地（真珠湾）に奇襲攻撃をかけたことから始まった戦争。日本とアメリカをはじめとした連合国とで行われた戦争がこう呼ばれ、第二次大戦に含まれる。

した。だから自分も「明日、死ぬかもしれない」というふうにいつも思っていたわけです。

子どもだから素直にそう考えていたのかもしれません。常に生死のはざまにいたので、生きることと死ぬことの境界がなくなっていました。

子どもの頃の遊びといえば戦争ごっこでした。戦争ごっこをしていても、「これが最後の戦争ごっこになるかもしれない」と思っていたものです。本を読んでいても、「今、読んでいる本が最後になるかもしれない」。隣のおにいちゃんに遊んでもらっていても、「これが最後になるかもしれない」と考えていました。隣のおにいちゃんにしても、次の日に戦争で死んでしまうかもしれないからです。

常にそんなふうに考えながら生きてきました。

それがぼくたちの世代です。

淀川長治の教えと最後

映画界の先輩たちの中にも最後の講義といえるような講義をされたり、教えを残してくれた人はいます。

印象に残っている一人が淀川長治さんです。

映画界の大先輩といえる評論家で、年齢はぼくの父親と同じでした。テレビで映画の紹介を始めた人で、この人のおかげで日本人はたくさんの映画を観るようになったんです。我々からすれば大変な恩人であり功労者です。

とにかく映画を愛している人で、映画を誇りにされていました。

淀川長治（よどがわ・ながはる） 1909−1998。映画評論家、雑誌編集者。『日曜洋画劇場』（『土曜洋画劇場』として66年に放送開始）の解説者として、日本中で知らない人がいないほどの存在になっていた。

その淀川さんがこんなふうに言っていたことがあります。

「大林さん、ぼくは検番（芸者置屋）の家で生まれた。勉強なんか大嫌いで、学校の勉強なんかは何もしなかったから、そのまま生きていたら泥棒でもしていたかもしれん。悪い人間になっていたかもしれないし、社会からはじき出される人間だったかもしれない。でもね、活動写真（映画）だけはなぜか大好きで、活動写真のことだけは誰にも負けないように勉強してきました。そのおかげで、人としてまともに生きていけるようになったんです。だからぼくは、映画を〝学校〟と呼んでます。その学校のいい生徒として一生懸命暮らしてきたんです。それでどうにか社会の常識もわかる人間になり、普通のおじいちゃんとして、こうしていられるんです。どうか大林さんも、映画を尊敬して愛して、映画が持っている常識を学んで、よき常識人になってくださいね」と。

一般の人たちが考えている以上に映画の常識は深いものです。

その淀川さんの最後の講義をたまたまぼくは見ていました。

どうして、たまたまという言い方をするのかといえば、僕はもちろん、淀川さん自身にも自分が死ぬんだという意識などはまったくなかったからです。

あの人は、映画の命と同じで〝自分も永遠に生きる〟と信じていた人でした。しかし、そこが人間の悲しさで、結果として最後の講義になってしまったんです。

淀川さんはいつもどおり誇らしく、嬉しそうに話していました。

いや、あとから考えると、その日だけはちょっと違ったところもあったんですけどね。咳き込みながら話していました。いつもゆったりと映画のことを話していたのに、その日は何か〝今日はこの話は伝えなきゃいけない。この映画のことを観てない人に教えなきゃいけない〟という切羽詰まった迫力があったんです。

淀川さんの体の中にいた生命を司る神様が、今日が最後かもしれないという予感を淀川さんに伝えていたのかもしれないですね。

そのときの淀川さんの姿や話は今も忘れられません。

手塚治虫が残したフィロソフィー

もう一人は、淀川さんよりは少し若い世代の**手塚治虫**さんです。漫画の神様と呼ばれていますが、日本のアニメの先駆者です。

ぼくより10歳ほど年上で、おにいちゃんのような人だったといえます。デビューされたのは敗戦後で、毎日新聞の子ども向け新聞（『少国民新聞』）でした。当時のぼくは毎日楽しみにその新聞を読んでたんですが、「来週からは皆さんと同じイガグリ頭のおにいちゃんである手塚治虫が漫画を描いてくださります」と知らされたんです。

その頃は治虫と書いて「おさむし」と読んでいました。

それまでは、立派なおじいちゃんたちが描く漫画しか読んでいなかったので、おにいちゃんといえるような人が描いてくれるというだけでも新鮮で嬉しかったものです。手塚治虫さんはさまざまな漫画を描き続け、ぼくたちはそれを読み続けました。

その手塚さんもやっぱり、がんになったんですね。

当時はお会いするたびに痩せられていたので、ぼくたち周りの人間は「あとどのくらい生きられるんだろう」と思いながら手塚さんを見守っ

手塚治虫（てづか・おさむ） 1928-1989。漫画家、アニメーション監督。『少国民新聞』（現在の『毎日小学生新聞』）に連載した『マアチャンの日記帳』で46年1月にデビュー。『火の鳥』『ブラック・ジャック』など代表作多数。『鉄腕アトム』などのテレビアニメも手がけた。

ていました。だけど、当の手塚さんには死ぬつもりなんかはいっさいなかった。最後の最後まで漫画を描いてらっしゃいました。

手塚さんは結局、『ネオ・ファウスト』『ルードウィヒ・B』『グリンゴ』という3本の漫画を未完で残されました。

だんだん鉛筆書きの輪郭だけになっていき、最後は1本の線だけになりました。手塚さんはとにかく最後まで描こうとしていた。描かなければならないという信念で描かれてたんですね。

だから、最後の1本の線までが手塚さんの漫画であり、芸術であり、フィロソフィーになっていたんです。漫画としては衰えていったけれども、フィロソフィーが最後の1本に残りました。最後の線はいったい何を描こうとしたものだったのか……。

手塚さんは、永遠に生きて、永遠に描き続け、伝えなければならない

ネオ・ファウスト 1987年から『朝日ジャーナル』で連載。ゲーテの『ファウスト』を下敷きにした作品。最後にペンを入れていたのはこの作品だといわれる。

ルードウィヒ・B 1987年から『コミックトム』で連載。ルートヴィヒ・ヴァン・ベートーヴェンを主人公にした作品。

グリンゴ 1987年から『ビッグコミック』で連載。高度経済成長期のサラリーマンを描いた作品。

ものがあると思っていらっしゃいました。

だから、ぼくは死ねません、と。

最後の線によってそれが示され、教えられたのです。手塚さんの最後の漫画、最後の線は、ぼくたちにとっての最後の講義になったのです。

フィロソフィーという言葉が出ましたが、「映画とはフィロソフィーである」ということが今回、皆さんに伝えたい核心です。

フィロソフィー（philosophy）とは何か？

日本語では「哲学」と訳されました。

映画というものは基本的にエンターテインメントですけど、それは難しいフィロソフィーをわかりやすく伝え、風化させないためにそうしているのです。エンターテインメントに即してフィロソフィーがあるわけではなく、フィロソフィーがまずあってエンターテインメントになるということです。それを心に深く刻みつけておいてください。

未来のためにぼくは生きなければならない

ぼくは今、マイクを使って話していますが、それによって思い出されることもあります。「世界のクロサワ」といわれた黒澤明さんのことです。黒澤さんがマイクを手にすると、いつもマイクがおかしくなって通じなくなったんです。

黒澤さんの現場には、2万人、3万人という関係者が集まることがありました。演出部には7人くらいスタッフがいるんですが、ロケによっ

黒澤明（くろさわ・あきら） 1910－1998。映画監督。『羅生門』（50年）、『七人の侍』（54年）、『影武者』（80年）など代表作多数。

ては演者が１㎞も２㎞も先にいることがあります。それでも黒澤さんはいつも助監督さんにこう話していました。

「いいか、マイクなんか使って声だけ伝えても、情報を伝えているというだけで、心までは伝わらない。心が伝わらなければ、演出はできないし、心のある映画はつくれない。心を伝えるためには、きみが足を使って駆けていって、一人ひとり、伝えたい相手に肉声で伝えるようにしなさい」と。

これもまた黒澤映画のフィロソフィーです。

とはいえ、ぼくがおつきあいさせてもらうようになった頃には黒澤さんも80歳くらいになっていましたからね。とても自分で２㎞は走れないので、黒澤さんのもとにはマイクが届けられていました。それで黒澤さんが嫌々ながらマイクを持って話し出すと、マイクの音が出ないんですよ。マイクの故障かな、ということで製作部の人たちが試してみると、ちゃんと音が出る。

黒澤さんがマイクを持って話そうとすると、音が出なくなる。

マイクには心があるんだなあ。

そう思いました。

マイクを嫌だと言っている人が持つと、マイクが使えなくなるのを実際に見たわけです。

どんなものにでも心はあるんです。

そういうことも含めて映画の話をしていきたいと思っています。

それがぼくの最後の講義です。

繰り返しになりますが、本当にこれが「最後の講義」になる可能性が

ないわけではありません。こうしてステッキを突きながら登壇している
くらいなので、そうなってもおかしくはないわけです。
でも、今は死ねません。
今日の講義が、皆さんがこれからつくる未来の映画のために役立てて
もらえるかということを確認しない限り、死んでも死にきれない。
実際には最後だと思っていないぼくがなぜ、こうした講義をするのか
といえば、「未来のために生きなければならない」と思っているからで
す。そしてまた「未来のために、ぼくが知っている過去のことを伝えな
ければならない」と思っているからです。
それでは講義を始めさせてもらいます。
最後は最初につながります。
最後の講義であると同時に最初の講義です。

第1章

「あの時代」の映画に込められていたメッセージ

古い映画を観る意味はどこにあるのか？

ぼくの後ろにはたくさんの映画の写真が貼られています。皆さんは観たことがない映画も多いのでしょうが、ぼくはこれ全部、封切り時に観ています。

さすがにジョルジュ・メリエスが撮ったサイレント映画の『月世界旅行』などは、ぼくが生まれる前の映画ですから、封切り時ではないですが、再公開されたときに観ました。

ぼくはね、１９６０年代までは、この日本で観ることのできる世界中の映画を全部観ている人間なんです。

ジョルジュ・メリエス 1861－1938。フランスの映画監督。もともと奇術師だったが、リュミエール兄弟の映画に出会って映画製作を開始。「世界初の職業映画監督」「特撮（SFX）の始祖」ともいわれる。

サイレント映画 無声映画。音声のない画像だけの映画のこと。対する「トーキー」（発声映画）が出現したのは1927年。

今は幸いなことに古い映画を観やすくなっています。ＤＶＤなどで出ているものも多いですから、著作権が切れてしまった映画なんかはパソコンで観ることもできます。パソコンをクリックしていくだけで、長年ぼくたちが観たくても観られなかった映画を観られる時代です。皆さんが生まれる前につくられた映画などもぜひ観てほしいところです。

ぼくは8年間、『いつか見た映画館』という番組をやっていて、毎月、映画を2本ずつテレビで紹介してきました。全部、ぼくが40分ずつ解説するという形でやっていて、ここ数年はサイレント映画も放送しています。

サイレント映画の画像はモノクロです。上映時間はさまざまで、20分もないようなものもある一方で、長ければ3時間や4時間なんてものも

月世界旅行　１９０２年公開（日本初公開は05年）のフランス映画。サイレント映画で上映時間は14分。

いつか見た映画館　２００９年からＣＳチャンネル「衛星劇場」で放送され、16年には書籍化もされた。

あります。

さすがに4時間、音のない映像を観ようというのでは、今の人たちはその時点でたじろぐのではないかと予想されます。おそるおそる2日くらいに分けて観ようかなと思うかもしれない。

なかなか踏み切りにくくても、だまされたつもりで観てみてください。DVDを入れてスイッチを押して、腰をかがめた状態で、ちゃんと再生されるかを確認していて、「おお、映り出した。大丈夫だな」なんて思っていれば、すぐに小1時間くらいは観ちゃっているものです。

どうしてかといえば、それだけ面白いからです。

我を忘れたように観ていて、1時間くらいたってから、「あれ、立ったまま観ていた」と気づいたとしてもおかしくありません。それであらためて座っても、背もたれがあるのも忘れて身を乗り出して観ている。

サイレント映画とはこんなに面白いものなのか！と驚くはずです。音もなければ色もないと聞けば、退屈な印象を受けることでしょう。でも逆にいえば、そんな映画で人をひきつけ、3時間、4時間と観てもらわなければならないわけです。そうやって何かを伝えようとするのは大変なことです。

いかに映像だけで面白く見せるかということに、持てる限りの知恵をつぎ込んでいるのですから、それだけ面白くなります。

映画に音をつけられるようになると、つい安心して音に頼り、映像がおろそかになってしまうことがあります。色がついてもやはり安心して、つくり手が自堕落になってしまう。

自堕落の極みによって、現在の映画がいちばんつまらないという結果がもたらされてしまったともいえるのです。

ぼくが80歳になってもなお現役として撮れているのは、サイレント映画のように観る人をひきつける力を失ってはいけないと、自分を戒めているからです。

それはつまり120年前に撮られた音のない映画に負けないような面白い映画をつくろうとしているということです。

「大林は80歳になっても老いたる巨匠にはならず、若い人以上に若々しい映画をつくっている。それはなぜなんだ⁉」と皆さんは思っているかもしれません。

よくも悪くも皆さんに驚いてもらえるような映画を撮れているのは、古い映画を観ているからです。

そのことも理解しておいてください。

『七人の侍』とこれからつくられるべき未来の映画

先に黒澤明さんのことを話しましたが、黒澤さんには『七人の侍』という作品があります。

現在も世界的に人気の高い映画ですが、封切られたときには否定論も多かったんです。日本の権威ある『キネマ旬報』のベストテンでも、その年の3位に留まったんだったかな。

否定論というのは〝黒澤がつくる西部劇のような作品〟ということでテンポのいいアクション時代劇かと思っていたら案外かったるい、とても西部劇のテンポには追いついていない、といった類いのものでした。

黒澤さんも東宝という会社の社員でしたから、そういう声もあった中

七人の侍　1954年公開。モノクロ作品。三船敏郎、志村喬らが出演。60年公開のアメリカ映画『荒野の七人』は『七人の侍』のリメイクといえる。

で上映時間を短くするため、場面をカットした短縮版をつくりました。ヴェネツィア国際映画祭にもその短縮版が出品されています。

ぼくなんかは幸いなことにカットされる前のオリジナルを観ることができたんですが、その後は長い間、短縮版が上映されていました。短縮版ではテンポをよくすることが求められていたので、黒澤さんが本当に描きたかったはずの大切な部分もカットされています。

『七人の侍』をつくるうえでは、『駅馬車』に代表されるジョン・フォード監督の西部劇のようなテンポのいい映画にしたいという意図があったはずですが、黒澤さんはフィロソフィーのない映画をつくろうとはしない作家、映画監督です。

この映画は、略奪行為をはたらく野武士たちから身を守ろうとした農

ヴェネツィア国際映画祭　「世界三大映画祭」のひとつ。1951年に黒澤明監督の『羅生門』が日本映画として初めて金獅子賞（グランプリ）を受賞した。

駅馬車　1939年公開のアメリカ映画。主演はジョン・ウェイン。西部劇の傑作として名高い。

民たちが、自分たちに力を貸してくれる侍を探して、野武士と闘う話です。そういう中で黒澤さんは、単なるアクションではなく、侍と百姓を比べれば〝どちらがより人間らしく生きているか〟といったことを描きたかったわけです。

農民たちは、味方になってくれた侍には米を出しながら、自分たちは稗《ひえ》を食べていました。それを知った侍の大将格である志村喬さんが「この飯、おろそかには食わんぞ」と言う場面があります。地味なシーンであっても、昔の人間であればつい涙ぐんでしまうようなところです。

『七人の侍』は、そんな日本人の精神性を描いた日本映画です。しかし、世界に送り出された『七人の侍』は、テンポなどを重視して編集し直したものなので、そういうところが薄れてしまっている。となれば、それは「世界のクロサワ」と呼ばれる黒澤さんがつくった本当のクロサ

ジョン・フォード 1894-1973。アメリカの映画監督。『駅馬車』の他にも『怒りの葡萄』（40年）などの歴史的名作を監督している。

志村喬（しむら・たかし） 1905-1982。俳優。『七人の侍』の他、『羅生門』（50年）や『生きる』（52年）など黒澤映画に多数出演。

ワ映画とはいえないものになっているわけです。

ぼくのように同時代を生きていた後輩としては、そこにあった無念がどれほどのものだったかと思わざるを得ません。クロサワ映画ならではの世界観をしまい込み、アメリカ映画のようにしなければ、日本映画を世界に出せなかったのですから、どれほど無念だったことか……。

過去には、そういう〝痛み〟があったという事実を知っておいてもらったうえで、この映画を記憶しておいてほしいと思います。

黒澤さんの喜び以上に黒澤さんの悔しさや悲しさを知っているぼくなどは、現実に何があったのかを伝えていきたい気持ちがとにかく強い。そして皆さんには、黒澤さんの悔しさを晴らすためにも、黒澤さんがつくったものとはまた違った自分たちの『七人の侍』をつくる責務があるんだという自覚を持ってほしいと願います。

過去を知ることにはそういう意味があります。

過去の映画を未来の映画にしていくのも、生きている皆さんの仕事です。それが映画を未来へとつないでいくということなのです。

『ハワイ・マレー沖海戦』の特撮映像

黒澤さんに限らず、ぼくの先輩はみんな、戦争中の人たちです。先輩たちがつくった映画を観れば、その背後にある戦争が感じとれます。だけど、現代に生きる皆さんはもうそれを感じとることが難しくなっているはずです。なぜ難しいのかといえば、そういう映画では、画面に戦争が描かれていることが少ないからです。

戦争中の映画監督が、戦争をリアルに描こうとすれば、負け戦ばかり描かなければいけなかったという現実もあります。
戦争そのものを描いた人としては、黒澤さんたちの先生にあたる**山本嘉次郎**さんがいらっしゃいます。
このかたは戦争中に海軍省に命令されて**『ハワイ・マレー沖海戦』**という戦意高揚映画をつくられました。これは大変立派な芸術映画です。ぼくなんかは子どもの頃にその映画を観ました。
すごい映画でした。ゼロ戦が飛んでいってハワイの真珠湾を攻撃するんだけど、当然、その頃は実写のフィルムで現実の様子を記録することはできません。アメリカの記録映画には実際の映像もありますが、日本が記録として撮っていた映像は少ない。ないと言ったほうが近いくらいだと思います。

山本嘉次郎（やまもと・かじろう） 1902-1974。映画監督。大正時代から『断雲』（24年）などを製作。戦後は東宝初のカラー映画『花の中の娘たち』（53年）を監督した。

ハワイ・マレー沖海戦 1942年に開戦1周年記念映画として製作され公開された。東宝映画。

ゴジラ 1954年公開。『ゴジラ』シリーズ第1作、モノクロ作品。監督は本多猪四郎。円谷英二が特殊技術を担当。

それで嘉次郎さんはどうしたか？

のちに『ゴジラ』で特撮の名匠となる**円谷英二**さんとミニチュアのセットを組んで、真珠湾攻撃を再現されたんです。

本当に見事なものでした。敗戦後にアメリカが真珠湾攻撃の記録映画をつくった際にもその映像が使われているくらいです。

記録映画はすべて現実の映像だと思われているのでしょうが、アメリカの記録映画には嘉次郎さんと円谷英二さんがつくった真珠湾攻撃の場面がかなり使われています。記録映画だと思っていたら、**大河内傳次郎**さんや**藤田進**さんといった当時の日本映画のスターたちが出てくるので、ぼくたちはびっくりしたくらいです。

アメリカで記録映画をつくった人たちは『ハワイ・マレー沖海戦』の映像が本当にドキュメンタリーだと思って使ったのではないかともいわ

円谷英二（つぶらや・えいじ） 1901－1970。特撮監督。円谷プロダクションを設立して『ウルトラQ』（66年）などの『ウルトラ』シリーズを手がけ、「特撮の神様」と呼ばれる。

大河内傳次郎（おおこうち・でんじろう） 1898－1962。俳優。『忠次旅日記』（27年、サイレント映画）などで時代劇スターとなる。

藤田進（ふじた・すすむ） 1912－1990。俳優。黒澤明監督の『姿三四郎』（43年）では主演。

れています。

現実の映像よりも特撮のほうがいいと判断されれば、特撮の映像をドキュメンタリーとして使ってしまうのがハリウッド映画です。

『駅馬車』のジョン・フォード監督は、アメリカという国を愛している人で、自ら望んで海軍に入り、記録映画のカメラマンとして太平洋戦争に参加しました。

そのときに日本軍の攻撃に遭ってケガをして、その後は片方の目に眼帯をかけるようにもなりました。

そのジョン・フォード監督は、日本軍の砲弾が雨あられと飛んでくる中にいて、「これならハリウッドに帰ってつくればいい」と考えました。

戦場の真ん中で16ミリのカメラを手持ちで構え、ガタガタ揺れながらフォーカスを合わせられずに記録を続けるよりは、スタジオに戦場を再現して、演出しながら撮ったほうがいいと判断したからです。

そのほうが実際のドキュメンタリー以上にリアルな戦争を再現できると確信できたというのは、映画人としての映画に対する信頼と誇りの表われです。

しかし、そのうちこうした映像に対する見方は変わってきました。戦場で実際に記録した映像は、たとえフォーカスがボケたり画面がグラグラ揺れたりしても、本物だからこその迫力があると考えられるようになったのです。スタジオの中でクレーンを使って撮ったような映像は、ドキュメンタリーではなく劇映画だと見分けられるようにもなりました。今の人からすれば当たり前のことでも、この時代にはそういう経過があったのです。戦争中に映画にかかわっていた先輩たちはドキュメンタリーと劇映画を明確に区分しようとする人も少ないくらいでした。

小津安二郎が〝豆腐屋としての映画〟をつくるようになった理由

日本の代表的な映画監督の一人である小津安二郎さんは、戦争とはまったく縁がないように思われがちです。

山田洋次さんの作品などが松竹映画を代表するものであるように、松竹は伝統的に穏やかな家族映画を撮ってきました。松竹蒲田撮影所に入社することで映画人としてのキャリアをスタートしている小津さんも、やはりそういう映画を多く撮られてきました。ただし小津さんは「映画の文法」とでも呼ばれるようなものを破った作品をつくり続け、独自の

小津安二郎（おづ・やすじろう） 1903－1963。映画監督。27年から松竹の監督として映画を製作。『晩春』（49年）、『東京物語』（53年）などが代表作に挙げられる。

山田洋次（やまだ・ようじ） 1931－。映画監督。『男はつらいよ』シリーズ（69年～）の脚本や監督、『釣りバカ日誌』シリーズ（88年～）の脚本を手がける。

世界観をつくり上げたことでも知られています。

映画を勉強している人なら常識として、カットバックをするときにはAさんがレンズの右を見ているならBさんはレンズの左を見るように撮影して、映像を結んだときに互いの目線が合うようにします。これは映画の技術というより制度のようなものです。そういう撮り方をすることによって映画には家族の輪ができます。

しかし小津さんは、同じシナリオを使っていても目線を合わせない撮り方をしました。そうすると、みんながそっぽを向いているようになります。松竹の中でこういう撮り方をすればアマチュアということになります。しかし小津さんは意図的にそれをやりました。伝統的な松竹映画を撮りながら、映画のプロなら決してやらないアマチュアをやったのです。そのおかげで、『東京物語』をはじめとする敗戦後の日本人の生活

カットバック　撮影技法のひとつで「切り返し」のこと。ひとつの場面と別の場面を転換していく。

東京物語　1953年公開。主演は笠智衆と原節子。老夫婦が東京で暮らしている子どもたちの家を訪ねていくストーリー。

を扱った作品では、家族の輪ではなく〝家族の離散〟が描かれました。技術によってまったく違う映画になってしまうところに映画の恐ろしさと面白さがあります。

戦争中の映画は、大日本帝国の軍部が仕切っていました。映画をつくる予算は本当に限られていました。そのこともあり、戦争中は軍部が「このシナリオで映画を撮れ！　こんなシナリオの映画を撮ることは許さん」と指導していました。敗戦後、軍部の指導がなくなったあとも、予算がなかったので、８人くらいの監督が集まって一緒に映画を撮っていたこともあるくらいです。

松竹を代表する名監督だった小津さんは、軍部の命令で戦意高揚映画を撮るように命じられてシンガポールに渡っています。

嫌だと言ったら国家犯罪人になりますから、受け入れるしかないということで、断念して戦地に赴かれたわけです。

それでも小津さんは、そこで軍の命令どおり戦意高揚映画を撮るわけにはいかないと、ワンカットも撮らない道を選ばれました。ワンカットも撮らないのが小津さんのフィロソフィーだったということです。

映画は撮るためだけにフィロソフィーが発揮されると考えるのは間違いです。撮らないことでもフィロソフィーが発揮できるというのが表現の世界の奥深いところです。

小津さんは日本の国民だからということで戦地までは行きました。それでも撮るか撮らないかという部分では自分を曲げず、国家犯罪人になってでも映画を撮らない道を選ばれたのです。

シンガポールで終戦を迎えましたが、小津さんは引き揚げ船で復員することを選びませんでした。

新藤兼人さんの遺作になった『一枚のハガキ』という映画がありま す。この映画は、くじ引きによって、戦地に行くのではなく、掃除部隊に配属された中年兵士の話で、新藤さん自身の体験がもとになっています。

新藤さんが99歳になってつくられた映画です。戦争に行かずに生き延びた新藤さんには、99歳になるまで消えない慚愧《ざんき》があり、そうした思いを伝えたものだったのです。

小津さんがシンガポールに残られたのは、新藤さんの思いにも通じるところがあったのではないかと想像されます。誰かが残るなら自分が残る、というような気持ちがあったのではないかと思うのです。

ただ、このときに小津さんはシンガポールに残ったことで、アメリカ

新藤兼人（しんどう・かねと） 1912-2012。映画監督。32歳で日本海軍に召集され、終戦後の『愛妻物語』（51年）が初監督作品。

一枚のハガキ 2011年公開。戦争末期に召集された100人の中年兵士の話。新藤兼人監督が99歳で監督をして日本最高齢記録となった。

から送られてきていた映画をずいぶん観ることができたといいます。

その中にはたとえば1939年につくられた『**風と共に去りぬ**』もあったというから幸運でした。『風と共に去りぬ』などは二度とつくれないような名作です。

全編カラーの長編映画は1935年からつくられるようになりましたが、1939年あたりは映画の歴史の中でも最も輝いていた時期にあたります。このときには他にも『**市民ケーン**』や『**嵐が丘**』など、100本くらいの映画を観られたといいます。

素晴らしい映画ばかりだったからこそ、「こんな映画をつくっていた国と戦争したのでは負けるのは当たり前だ」と思ったそうです。

そんな小津さんはアメリカ映画の大ファンでもあります。日本の監督

風と共に去りぬ　1939年公開のアメリカ映画。カラー作品。監督はヴィクター・フレミング。ヴィヴィアン・リー、クラーク・ゲーブルらが出演。日本初公開は52年。

市民ケーン　1941年公開のアメリカ映画。モノクロ作品。監督・脚本・主演はオーソン・ウェルズ。映画史上に残る傑作。

嵐が丘　1939年公開のアメリカ映画。モノクロ作品。監督はウィリアム・ワイラー。エミリー・ブロンテの名作小説が原作。

は昔からみんなアメリカ映画が大好きなんです。アメリカ映画をいかに上手にまねするかが監督の能力になっていた時代もあったほどです。

シンガポールで小津さんはあらためてアメリカ映画の素晴らしさにショックを受けると同時に、「アメリカ人がつくるような映画をつくっていても勝ち目はない」ということを学ばれたのだと思います。

それで小津さんは「自分は豆腐屋（日本映画の監督）なのだから、豆腐（日本映画らしい日本映画）しかつくらない」という考えを持たれました。そういう覚悟を持って小津さんは、小津さんならではの映画をつくっていったということです。

小津さんの映画には戦争は映っていませんが、小津さんにとっては戦争を描かないことが戦争を描く手法なのです。

時間がたつにつれて、そういうことがわかっていきました。

『秋刀魚の味』と『彼岸花』に込められたメッセージ

では、小津さんはまったく戦争を描いていないのでしょうか？ いつも父親が娘を嫁に出すような親子の話ばかりを描いていたのかといえば、そんなことはありません。

晩年の映画でいえば、たとえば『秋刀魚の味』で、笠智衆さんは駆逐艦の元艦長だったサラリーマンを演じています。

笠智衆さんは、かつての部下だった加東大介さんと一緒に軍艦マーチが流れるバーに行きます。いわゆる軍国バーです。以前には日本中どこへ行ってもありました。軍歌を歌いながら負け戦を語り合うことにはあ

秋刀魚の味　1962年公開。小津安二郎監督の遺作。主演は笠智衆で、娘役は岩下志麻。

笠智衆（りゅう・ちしゅう）　1904－1993。俳優。28年の『若人の夢』で小津安二郎監督作品に初出演。このときは端役だったが、その後、小津作品の顔的存在になった。

加東大介（かとう・だいすけ）　1911－1975。俳優。黒澤明作品の常連俳優としても知られる。

る種のカタルシスがあったのでしょう。「あいつは死んだけど、軍歌を歌いながらあいつのことを語れば弔いになる」というように昔を懐かしみながら酒を飲むわけです。

『秋刀魚の味』では加東さんが「もし日本が勝っていたら……」という話を持ちかけて、笠智衆さんがこう答えます。

「けど、負けてよかったんじゃないか」

それに対して加東さんは「確かにバカな上官が威張らなくなっただけでもよかった」と同意します。

笠智衆さんの言葉は素晴らしい敗戦のメッセージです。

どうしてかといえば、「負けてよかった」という言葉こそ、日本人の誰もが口にすべきことだったからです。敗戦当時は誰もそう言えず、戦争なんてなかったことにして忘れてしまいたいとなっていたのです。

『秋刀魚の味』より少し前に撮られた『彼岸花』では、佐分利信さんと田中絹代さんが長年連れ添ってきた夫婦を演じていて、田中絹代さんが「あの頃は幸せでした」と話します。

あの頃とは戦争中のことです。

戦争はつらく、多くの人が死んでいってしまったけれど、防空壕《ごう》で家族が肩寄せ合い、敵機におびえながらも互いの身を守り合おうとしていた頃は、家族がひとつになれていたというのです。

この映画は私も映画館で観ましたが、映画館ではヤジが飛びました。昭和33年の公開でした。戦争が終わって、やっと平和になって幸せを感じられるようになっているときに「なんという時代錯誤のセリフを言わせるんだ！」という反応になったわけです。

「戦争中がよかったなんていうノスタルジーの映画をつくっているよう

彼岸花　１９５８年公開。小津安二郎の監督作品としては初めてのカラー映画。原作は里見弴。

佐分利信（さぶり・しん）　１９０９－１９８２。俳優、映画監督。小津作品では『戸田家の兄妹』（41年）、『お茶漬の味』（52年）にも出演。

田中絹代（たなか・きぬよ）　１９０９－１９７７。女優。日本初の本格的トーキー映画『マダムと女房』（31年）に主演するなど、日本映画界の大スター。53年公開の『恋文』など監督作品もある。

では小津はもうダメだ。映画をつくるのなんてやめちまえ！」

そんなヤジが飛んでいたことを今でもよく覚えています。

しかし小津さんは、戦争中はよかったなどということが言いたかったわけではなく、戦争が何をもたらしたかを描こうとしたのです。

〝戦争が終わって日本人は幸せになりましたか？　家族がバラバラになって、老いても子どもや孫と暮らせないように寂しくなったのではないですか？　平和になったといっても、家族はバラバラになっている。これが本当に私たち日本人が求めた幸せなんでしょうか？〟というメッセージです。

小津さんは戦争で生き残った人間の責務として、亡くなるときまでそういうことを伝えていらっしゃいました。

ヌーヴェルヴァーグと戦争

フランスでは終戦後、「ヌーヴェルヴァーグ」と呼ばれる人たちが映画を撮るようになりました。

彼らがつくる映画には実験的なものが多く、恋愛や家族などを描いていましたが、その背後にもやはり戦争があったといえます。

映画人は運動家でも政治家でもないので、リアルに戦争は描きません。ヌーヴェルヴァーグの監督たちもそうでした。そうはしないで、あくまで自分たちの美学の中で「二度と戦争なんか繰り返してはいけない」という意志を示していたのです。

ヌーヴェルヴァーグ
1950年代後半のフランスで始まった自由な映画製作のムーブメント。ヌーヴェルヴァーグは「新しい波」の意。ルイ・マル監督の『死刑台のエレベーター』(57年)、ジャン＝リュック・ゴダール監督の『勝手にしやがれ』、フランソワ・トリュフォー監督の『大人は判ってくれない』(ともに59年)などが代表的作品として挙げられる。

そういうやり方は、彼らの先輩にあたる**アプレゲール**、いわゆる戦後派に学んでいたのだともいえます。

ヌーヴェルヴァーグの監督たちがつくった映画が公開された頃に青春時代を過ごしていたぼくたちは、こうした映画から大変な影響を受けています。

小津さんとヌーヴェルヴァーグの関係も深かったといえます。

フランソワ・トリュフォーというヌーヴェルヴァーグの巨匠がいます。この人は小津さんの映画を何本も観られたそうです。そこでトリュフォーはあぜんとしました。小津さんの作品では、映画の文法を無視したような撮り方がされていたからです。トリュフォーはおそらく「日本の映画監督はアマチュアなのか⁉」と驚いたはずです。それでもトリュ

アプレゲール　第一次大戦後にフランスやアメリカなどで起こった新芸術運動。アヴァンゲール（戦前）の対語として「戦後派」という意。既成の道徳や規範にとらわれない人たちをこう呼んだ。日本では第二次大戦後にこの言葉が使われるようになった。

フランソワ・トリュフォー　1932-1984。フランスの映画監督。代表的作品に『アメリカの夜』（73年）、『終電車』（80年）など。

フォーは笑ってすませるのではなく、いろいろと考えたのでしょう。トリュフォーもまた映画の文法を破るようなことをしました。

一例を挙げれば、登場人物の目線を合わせることで映像をつなげる手法があります。こうしたやり方は〝映画ならではのうそ〟だといえます。目線を揃えさえすれば、Aさんを撮った1カ月後にBさんを撮っても、二人で語り合っているようにも見せられるからです。戦争世代の先輩たちはそういうことを当たり前のようにやっていました。

新しい映画をつくろうとしている自分たちは、そういう技法を踏襲していてはいけないのではないか。

トリュフォーはそんな気になったのではないかと思います。

かといって小津さんのやり方をまねようともしないで開発したのが「往復パン」です。AからBに回して、BからAに戻るという撮り方です。これもまた、プロなら絶対にやってはいけないといわれていた技法だったのに、彼らはあえてそれをやりました。

小津さんのアマチュアリズムにならった部分があったのだと思います。目線を合わせるカットバックはやめて往復パンにすることで、ちょっとだけ未来の映画をリアルに描こうとしたのかもしれません。ただし、ただリアルに描いているだけでは映画芸術にはなりません。ヌーヴェルヴァーグの監督たちはトリュフォーに限らず、さまざまな技法、表現方法を用いるようになっていったのです。

ロジェ・ヴァディム監督の『血とバラ』という映画があります。吸血鬼伝説を題材にした映画ですが、その中でも戦争の忌まわしさが描かれています。政治家や経済家はいつも庶民の血を吸うことによって権力を高めているということが、この映画の中からは読みとれます。

血とバラ 1960年公開。フランス、イタリアの合作映画。監督はロジェ・ヴァディム。レ・ファニュの『吸血鬼カーミラ』を下敷きにした作品。

こういう表現をするのがフィロソフィーのプロです。

このような歴史を学んでいくと、それぞれの映画で「どうしてこのような撮り方がされているのか」といったことがわかってきます。

戦後の日本の監督たちもヌーヴェルヴァーグの監督たちも、同じ志を持っています。それでいながら一人ひとりがまったく違う映画づくりをしています。ぼくたち敗戦後の子どもたちは、こうした映画を観ながら育ってきたのです。

第2章
「平和孤児」にとっての戦争、「今の子どもたち」にとっての戦争

戦後に迷子になった平和孤児

敗戦後の平和な時代を担う最初の表現者として、ぼくたちは大人になりました。

そういう世代なので常に手数は足りませんでした。一人でやれることをみんなでやるのはもったいないから、一人ひとりが自分のやるべきことをやっていく。

それがぼくたちの時代の青春だったのです。

たとえば**寺山修司**さんは、敗戦後に素晴らしい短歌を書いています。

「マッチ擦る　つかのま海に　霧ふかし　身捨つるほどの　祖国はあり

寺山修司（てらやま・しゅうじ） 1935－1983。歌人、劇作家、演劇実験室「天井桟敷」主宰。『書を捨てよ町へ出よう』（71年）、『田園に死す』（74年）などは映画化された。

や」

暗闇に包まれた海岸で煙草を吸うためにマッチを擦れば、海には深い霧が浮かび上がる。命を捨てるに値する祖国はもうないのではないか、というわけです。

同じ世代の**立川談志**も、「昨日まで絶対に正しいと思っていた日本の正義が一夜明けたら間違いだったと言われて、俺たちはどう生きたらいいんだい」というようなことを言っていました。

こうした歌や言葉からもわかるように、ぼくたち敗戦少年は、戦後に迷子になっちゃったんです。いわば「平和孤児」です。

3・11……、2011年3月11日に東日本大震災があり、「それ以降、大林宣彦は戦争映画をつくり出した」という言われ方もされています。

立川談志（たてかわ・だんし） 1936－2011。落語家、落語立川流家元。『笑点』（66年～）の初代司会者を務めた他、映画にも多数出演。

しかしぼくは、このときになって初めて戦争映画をつくり出したわけではありません。戦争そのものを題材にしていなくても、ぼく自身はずっと戦争映画をつくってきた意識でいます。

ただし、3・11が契機になっている部分があるのは確かです。敗戦後、日本は復興の方向性を誤り、日本人らしさを失ってしまったといえます。3・11からの復興ではそこの部分をやり直していけるのではないかと感じたからこそ、そういう気持ちを映画に表すようになったのです。

このような思いを持ったのはぼくだけではなかったようです。3・11以降、平和孤児のぼくたち世代は、自分の過去を正直に描こうとしています。

同じ世代の**和田誠**さんはずっと素敵なイラストを描かれてきていまし

たが、これまでは映画おたくであるかのように映画への愛にあふれるものが多かったといえます。3・11のあとには反原発のポスターを描かれました。そのポスターは、これまでのイラストとは違った意味で素晴らしいものでした。

あれを見れば、これまで和田さんが描かれてきていた映画関係のイラストなどにしても、その背後には戦争があるのがわかります。

これまでぼくたちは、戦争体験を背後に隠して意図的にノンポリとして生きていくしかありませんでした。ぼくたちの世代では、多くの人たちがノンポリのふりをして戦争映画には見えない戦争映画、あるいはイラストや小説などを送り出してきていたということです。

和田誠（わだ・まこと） 1936-2019。イラストレーター、エッセイスト。映画への愛は深く、『麻雀放浪記』（84年）、『快盗ルビイ』（88年）などでは監督も務めた。

ノンポリ nonpolitical の略。政治や学生運動などに無関心であること、無関心な人。

「モノとカネによる復興」と「清貧」

原子力の平和利用ということで原発建設を推進したのがアメリカであり、日本はそれに追随しました。

スクラップ・アンド・ビルド……、古いものを壊して新しくしていくことで経済を変えようというのはアメリカのフィロソフィーです。

そういう考えをまねて日本は、モノとカネによって戦後の復興を果たしてきました。

その過程において、本来の日本人が持っていた〝日本人としての美しさ〟を失ってしまっていたともいえます。

失ってしまっていたのが「清貧」です。

皆さんは清貧ってわかりますか？

今ではもう死語になっているのかもしれません。ある学生がぼくに対してこう聞いてきたことがありました。

「先生は清貧って言葉を知ってますか？　ぼくはこの言葉を本で見つけたとき、最初は変換ミスだと思ったんです。だって貧しいことが清らかだなんて思いもよらなかったから」

ぼくたち世代の人間が、清貧を知らないわけがありません。それでもこうした疑問を学生が口にしてしまうのは、それだけこの言葉が現代の日本人には縁遠いものになっているためです。

清貧とは、清らかに生きようとすれば貧しくあるのが当然だということです。明治の観念として持っていた日本人の理想の姿です。

ぼくたちはそれをしっかり教えられてきました。

80歳のじいさんになったぼくなどは「日本人にとっていちばん大切なものは何ですか?」と問われれば、「清貧」と答えます。現代に生きる皆さんにもぜひ「清貧」という言葉を覚えておいてほしいと思います。

『この空の花 ―長岡花火物語』と人々の魂

清貧は、3・11のあと、日本中からあぶり出されるようにもなりました。ああ、日本人はみんなそうだったんだよな、と再確認されます。

特に被災した東日本の人たちは、雪深い里で暮らしていて、3・11以前にしても清貧でなければ生きていけない面があったわけです。

3・11のあとはいっそう互いに助け合い、いたわり合いながら生きています。被災した東北6県の夏祭りを集める形で「東北六魂祭」も行われました。

六つの魂が集まった祭りだということに感銘を受けると同時に衝撃を受けました。ぼくが西日本の生まれだからなのか、魂という言葉を使うことはほとんどないからです。知り合いの新聞記者に「魂って、西日本にはあるかい？」と聞いてみると、こう答えました。

「戦争中などに大和魂という言い方をしていたのはもちろん知ってますが、日常的には魂という言葉は使いませんね」と。

「そうだよな、西日本だと魂は死語になってるよな」と返しましたが、実際にそうなのだと思います。

でも、東日本ではそうではないのです。ぼくは震災の前から映画のロ

東北六魂祭　2011年から16年まで、東北6県の夏祭りを一堂に集めて持ち回り開催された合同祭。六つの夏祭りは、青森ねぶた祭、盛岡さんさ踊り、仙台七夕まつり、秋田竿燈まつり、山形花笠まつり、福島わらじまつり。17年からは「東北絆まつり」に。

ケハンのためにずっと長岡に通っていました。『この空の花 -長岡花火物語』という映画の準備のためです。そのシナリオができたところで3・11があり、あらためて8月に撮影をしました。

長岡の人たちと話をしていると、ひっきりなしに「魂」という言葉が出てきたものでした。たとえば雪下ろしをしていて屋根から落っこちて骨折して病院へ行ったという人に対して「大変ですね」と言えば、「いやいや、長岡魂ですよ」と返ってくるような感じです。

それにも通じることですが、長岡の酒がおいしいのは、雪室（雪中貯蔵庫）で貯蔵して熟成させているからでもあります。地元の人たちは「自分たちも半年、雪の中で暮らしていますから」と話していました。人もまた、半年我慢の日々を過ごすことによって、生きる喜びや勇気を得ているところがあるのかもしれません。

この空の花 -長岡花火物語　2012年公開。セミドキュメンタリーともいえるエッセイ映画。松雪泰子、高嶋政宏らが出演。

『この空の花 −長岡花火物語』

あれだけの災害に遭っても、人生の半分として受け止めているところがあるようにも見受けられました。そのうえで生き残った人たちは、生き残れなかった人たちのことを考えながら助け合い、生きています。

素晴らしき非常識「憲法9条」

3・11では多くの国から支援の手が差しのべられました。日本もまた、災害のあった海外の国にはそのたび支援をしてきました。日本は他国の支援に対して感謝を示しているのに、日本が支援した相手国は礼状を送ってこないこともあるという記事が新聞に出たことがありました。

しかしそれは、日本が非難するようなことではありません。相手の国では礼状を出す必要なんてないと思っているのかもしれず、それに対してどうこう言うのはおかしいからです。

世界では戦争があるたびに軍隊を送り込んで多くの人を死なせている国もあるのに、日本は基本的にお金を出すだけで誰も死なせていないということもあります。

「礼状が欲しいなどと文句を言うなら、銃を持って国境まで出てこい」というのが世界の〝常識〟です。

憲法9条も、世界から見れば〝非常識な憲法〟です。だけれども、世界の常識が戦争することだとするなら、憲法9条は素晴らしい非常識です。

奇跡のような素晴らしい憲法を持った日本人だけが、この非常識を常

憲法9条
平和主義を規定する日本国憲法の条文。
1．日本国民は、正義と秩序を基調とする国際平和を誠実に希求し、国権の発動たる戦争と、武力による威嚇又は武力の行使は、国際紛争を解決する手段としては、永久にこれを放棄する。
2．前項の目的を達するため、陸海空軍その他の戦力は、これを保持しない。国の交戦権は、これを認めない。

識に変えていくために「表現の自由」を用いることができるのです。

そういうふうにぼくたちは敗戦から学びました。

にもかかわらず、実際の日本はそうなってはいきませんでした。「被爆国の日本が原発を開発すれば、原発も安全だと認められる」というアメリカのフィロソフィーを受け入れてしまったのです。

日本は原発を持ち、そのおかげもあって経済が潤いました。直接的ではなくても軍事産業にかかわっている企業も少なくありません。

憲法9条の精神や過去の教訓を生かすこともしないで成り立っているのが、この国の経済であり平和なのです。

たとえ経済のためには戦争が必要であっても、戦争するくらいなら餓死を選ぶ。そんな意識を持つのが本当なのかもしれません。強制できることではないにしても、表現者であるならそういう道を示していくべきなのです。

だからといって、プラカードを担ぐのは違います。表現で道は示しても、プラカードそのものは担がない。そう覚悟した人間こそが表現者なのだともいえます。

黒澤明監督はこのようにおっしゃっていました。

「大林くん、俺も表現者の道を選んだんだからプラカードは担がないよ。プラカードは、正義を訴えるものだからな。プラカードを担ぐくらいなら、運動家になるか政治家になったほうが早い。俺はな、運動家や政治家よりも表現者をめざしたほうが役立つと思っているから、この道を選んだんだ」

黒澤さんたちの世代はみんな日本の正義というものを信じさせられ、

相手を鬼畜米英と呼んで戦ってきました。

しかし、ひとたび負けてしまえば、どうでしょうか?

負けた里の正義などは屁みたいなものになってしまい、勝った里の正義だけが正しいものとなるのです。

そんなことはおかしいと思うかもしれませんが、それが現実です。

正義などというものは、しょせんは人間の都合でしかありません。

どこまでも正義を守ろうとするなら、永遠に戦争をして、永遠に勝ち続けなければならないのです。

戦争と平和、知性と正気

戦争で負けてわかったこともあります。

それは何か？

戦争という狂気に人間として対峙《たいじ》できる力は「正気」しかないということです。

だからぼくたちは正気で生きていくようにすべきです。正気とは何かといえば、地球上の万物の本能だと考えればいいでしょう。

本能で生きるということを、これまでぼくたちはバカにしてきました。人間は知性で生きているから、本能で生きている連中はバカだと見なし、サルやペンギンやアリンコたちをさげすんできたのです。

でも、それも間違いだったとわかりました。種の保存や種の繁栄というような、生物として最も大事な部分にかかわる本能にはサルやペンギンやアリンコのほうが忠実で、人間に勝っているともいえるのです。

人間だけが知性に頼って本能をなくしてしまっています。

人間には矛盾があります。

知性を持って共存、共生して、戦争などはない国をつくっていくべきだということを頭で理解していながら、戦争を続けています。

ヒトという種で共存、共生しようとはしないで、「人種」で差別をしたり、殺戮《さつりく》行為にまで及びます。文化や宗教の違いからも殺し合いを繰り広げていくので戦争は終わりません。その戦争により軍需産業が生まれて経済が発展していきます……。

どこまでいっても戦争がなくならないのは、知性を持ってしまったからです。しかしその知性は、戦争をやめさせるためにも使えるはずです。それをやっていくのが表現者の役割です。

政治や経済がなければ、世の中の制度は成り立ちませんが、そこで誰もがナンバーワンになろうとします。

ナンバーワンになりたいなら、どうすればいいかは簡単です。ナンバーツー以下をやっつければいい。つまり、戦争して勝てばナンバーワンになるわけです。

それで人間は、いつまでも戦争を続けます。

勝った国は平和になるのかといえば、そのときだけです。すぐにまた次の国が攻めてくるかもしれないので、そういう国はあらかじめ挑発して、戦争して滅ぼしてしまえばいいと考える。

それが世界の平和の真実です。

戦争を忘れることで戦争を手繰り寄せている日本人

病気になっていろいろと学ぶこともありました。

実をいうとぼくは72歳まで医者にかかったことがない健康体だったんです。しかし、72歳になる2010年に心臓の病気で倒れてしまい、そのときにペースメーカーを入れたおかげで今も生きています。

ペースメーカーを入れたということを人に言うのは嫌だったので、「俺はピースメーカーを入れたんだ」と威張っていました。

そうすると、映画好きのある友人から「大林さんはコルトをつけたの?」と返されました。

コルト・ピースメーカーというのは西部劇の代名詞のようにもなっ

コルト・ピースメーカー 「ピースメーカー」は通称で、正式名称はコルト・シングルアクションアーミー。西部開拓時代によく使用されていたこともあり、"アメリカをつくった銃""西部劇の銃"などともいわれる。日本ではリアルなモデルガンもつくられた。

て、ぼくたち西部劇ファンが愛した拳銃です。ぼくはこれを使う名人でもあり、チャールズ・ブロンソンに扱い方を教えたこともあるくらいです。映画ファンというものはプロの俳優よりそういうことがうまかったりするものです。

でもぼくは、「コルトをつけたの?」と言われたことで目からうろこが落ちました。

コルト・ピースメーカーというのは、敵を殺すために使う銃器です。その銃器がピースメーカーと呼ばれているのです。

それで「あっ!」と思いました。

世界の平和は敵を殺すことでつくられているんだ。

銃器でドンと敵を殺したら自分が平和になるんだ、と。

そういう理屈であるならアメリカから銃はなくならないし、世界から

チャールズ・ブロンソン 1921-2003。アメリカの俳優。『荒野の七人』(60年)や『大脱走』(63年)などの歴史的名作に出演。CMディレクターとしての大林宣彦が撮った「マンダム」のテレビCM(70年)でも人気になった。

戦争はなくならない。

永遠に戦争は続いていくんだな、と理解した瞬間でもありました。

日本は銃を持たない法律を持った国です。平和への道はそうする他にないことにもあらためて気がつきました。

にもかかわらず、憲法9条を変えようとか捨てようというのでは、歴史を否定することになります。

目先のことを優先して、歴史から学ぶのを忘れてはいけません。

ぼくたちの世代は敗戦後のことも忘れずにいますが、多くの日本人が戦争を忘れてしまった。そのために次の戦争を手繰り寄せるようにもなっているのです。

今の若い人たちは「戦前」を生きている

戦争が遠い過去のことだと思っている人も多いのでしょう。そういう考え方は捨てるべきです。

明日にでも戦争が起きるかもしれない。

その意味では「戦前」を生きている、ともいえるのです。

皆さんは気づかずにいるかもしれませんが、東京の街はもちろん、地方のちょっとした小都市の駅前などに行くと、中高生が10人くらい集まって、ビラを配っている姿が見かけられます。

若い人たちの意識には留まらなくても、ぼくのようなおじいちゃんはそうした光景がすぐに気になります。

「若い子たちがビラを持っているけど、何を訴えてるんだろう」と見てみると、「私たちの未来は、私たちが守ります」というビラでした。

感心して「おじいちゃんも一緒に頑張るからね」と言うと、「おじいちゃんは〝戦後〟の人ですよね？」と聞かれました。

「うん、敗戦後70年生きているよ」と答えると、「私たちは〝戦前〟の人間なんです」と返されました。

「キミたちは戦前なのかい？」

「はい、いつ戦争が始まるかわからないから戦前です。これから戦争が始まるのを止めないと、私たちが生きていくことも、私たちの子どもや孫が生きていくこともできなくなります。戦争を止めるのは私たちの責任なんです」

「いや、それはおじいちゃんたちの責任でもあるから一緒に頑張るよ」

「おじいちゃんは選挙に行きますか?」

「もちろん行くよ」

「それなら少しお話ししますけど、大人たちを見ていると、何事にも是と非があるのに、是という人は少しで、非という人も少しです。残りの6割から7割は、よくわかりませんという意見のない人たちです。主権在民というなら、みんなが意見を持って、みんながこの国を司っていかなければなりませんよね。意見を持たない、選挙に行かないというのは主権者である権利を放棄しているということです。そんなふうになっている大人たちが私たちを守ってくれるとは、とても思えません。だから私たちは大人を頼りにしないで、自分たちで考えなければいけないと思っているんです」

そういうことを話してくれました。

全国のあちこちで同じようなビラを持っている人を見かけるということは、全国的な組織があるのかもしれません。そこまでは調べていませんが、こうした考えからビラを配っている中高生はあちらこちらで見かけられます。そういう時代になっているということです。

戦争映画でもある『HOUSE／ハウス』(77)

ぼくのつくる映画に対しては、「こんなものは映画じゃない」とよく言われてきたものです。

僕がつくった最初の劇場用映画が『HOUSE／ハウス』(77)です。ごく簡単に説明すれば、家そのものが妖怪のような存在になっていて、

HOUSE／ハウス
1977年公開。池上季実子、大場久美子らが出演。2009年からアメリカで巡回形式で公開されていくなど、世界から再注目されている。

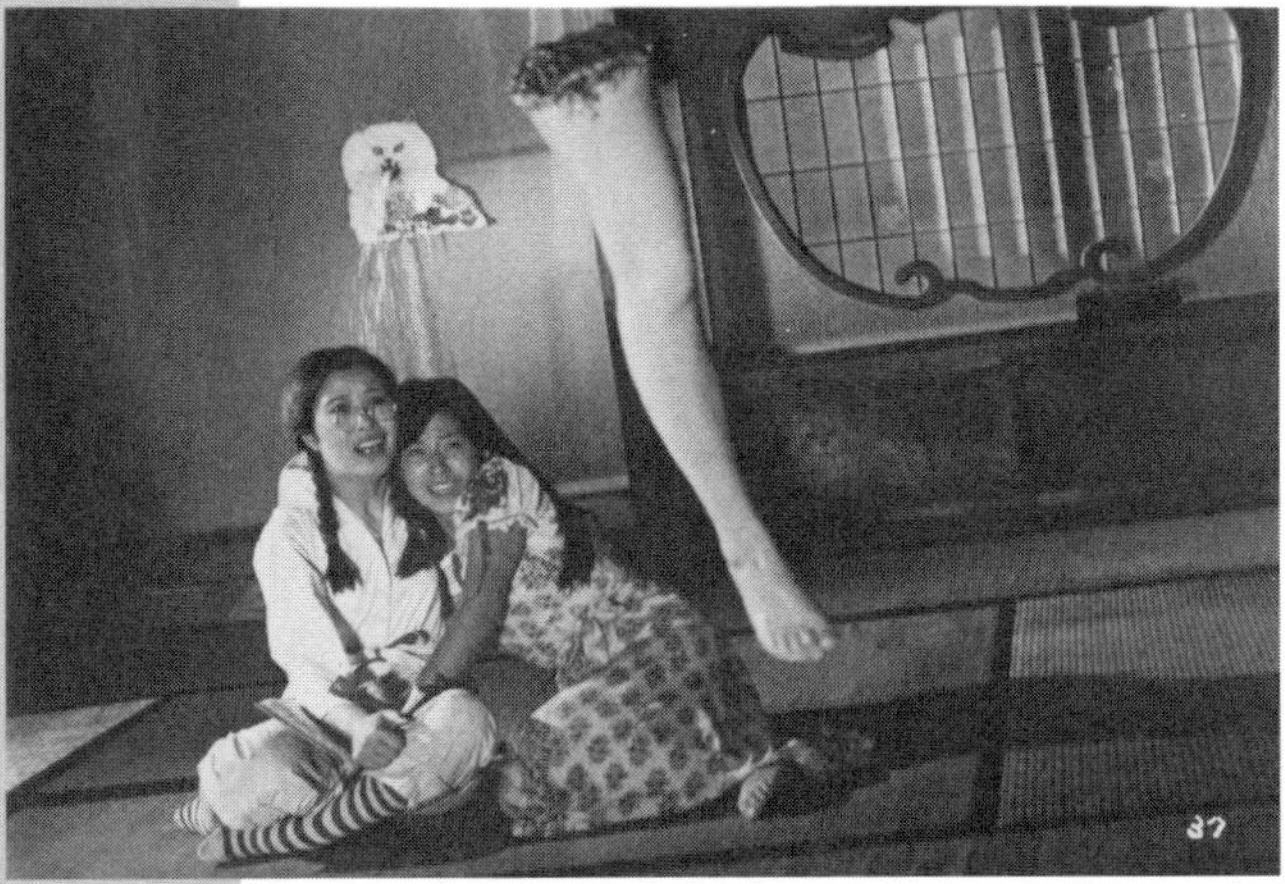

『HOUSE／ハウス』(77)

そこに来た少女たちを食べていこうとするホラー映画です。同年輩の人にはいまだにこんな映画は認めないという人たちも多いのですが、近年は世界中でフィーバーしています。

ちょっと自慢話をすれば、アメリカには「クライテリオン」というビデオレーベルがあります。ビデオ会社は通常、売れることを優先するものなのに、このクライテリオンは歴史的な意味合いを考えて、それほど売れるとは思えないものでも重要な作品を発売しています。その会社で「今、観たい世界のすぐれた映画」というアンケートをとると、黒澤さんの『七人の侍』とともに『HOUSE／ハウス』(77)が日本の映画の中から選ばれたのです。大変光栄なことでした。

その『HOUSE／ハウス』(77)も、実は戦争映画なんです。『花筐／HANAGATAMI』をつくることができなかったので、同

『HOUSE／ハウス』(77) 撮影風景
写真提供／PSC ©PSC

じフィロソフィーのまま設定を変えてつくったいきさつがあります。

一般的にはホラー映画とくくられているので、当時はこれが戦争映画だとは誰も気づいていなかったはずです。それでもこの映画は、ぼくの中に潜む戦争を描いたものです。

この映画では、「戦争は嫌だ」ということを表現しています。

これまで僕がつくってきた映画の中では、ずいぶん原爆を描いてきましたが、『HOUSE／ハウス』(77) の中でも原爆を描いています。公開当時の日本では誰も気づいていなかったのに、アメリカの人たちはそれに気がつきました。

アメリカの人たちに限らず、今ようやくそういうことがメッセージとして伝わるようになったのだと思います。

原爆 「これまでに撮った四十四本の映画のうち、デビュー作の『HOUSE／ハウス』以降、八本の映画で原爆を描いてきました。だけど、誰もなかなか気がついてくれない」と語っている。

今は北朝鮮から打ち上げられたミサイルがいつ日本列島に落ちてきてもおかしくない時代です。

事故から戦争は始まってしまうので、間違ってボタンを押しただけでもそうなってしまいます。

だからこそ、ボタンが押されることがない時代をつくらなければなりません。

若い子たちが自分たちの未来は自分たちで守るというようなビラを配ったりし始めたのも、そうした危機感の表れです。

18歳から選挙権を持つようになり、自分たちが国について考えなければならないという意識が強くなってきたのでしょう。

対して大人はどうかといえば、国のことを考えていない人がほとんどです。なにせ選挙にも行かないわけですから。

そういう状況になっていることは大人もよく認識しておくべきです。

映画によってつないでいく過去と未来

80歳のぼくがつくった新しい映画が『花筐／HANAGATAMI』です（注・この講演後にはさらなる新作『海辺の映画館―キネマの玉手箱』を撮影しており、2020年4月公開予定）。これからを生きる若い子たちに観てほしい映画です。

3・11以降、『この空の花 －長岡花火物語』『野のなななのか』とつくってきていましたが、これらの映画についても、「難しい」とか「こんなのは映画じゃないぞ」とか言う大人がいました。

海辺の映画館―キネマの玉手箱　戦争と原爆をテーマにした最新作。大林作品としては約20年ぶりに尾道がメインのロケ地になった。成海璃子らが出演。

野のなななのか　2014年公開。旧炭坑町の芦別市を舞台にし、終戦後も北海道で続いていた〝ソ連との戦争〟を描いたエッセイ映画。品川徹、常盤貴子らが出演。「なななのか」は四十九日の意。製作費の大半を芦別市民が出資した「市民の映画」でもある。

『野のなななのか』
©2014　芦別映画製作委員会／PSC
配給／PSC TMエンタテインメント
写真提供／PSC ©PSC

感触からすれば、大人よりむしろ子どもたちのほうがこれらの映画を受け入れてくれているようなのです。

「もうじき死んじゃう大人には関係なくても、未来はぼくたちが暮らす場所です。ぼくらの家族やともだちをおそろしい目にあわせないでください。センソウのことをよおく教えてください」

そう書かれた小学生の感想文もありました。

「戦争なんて二度と嫌だ」ということをいちばん感じてくれていたのは、より純粋に正気で生きている子どもたちだったのです。

こうしたところに芸術の素晴らしさがあります。

同じ時代を生きている人から「こんなものは映画じゃない」と言われて、後世の人たちに思いが伝われば、未来をつくる力になります。

過去から未来へつなげていくものをつくるのがぼくたちの仕事です。

だから、余命3カ月と言われながら現役の映画作家であり続けている
ぼくがここにいるわけです。

映画とは何かといえば、メイク・フィロソフィーです。
観て楽しく、すぐに忘れてしまうただの娯楽ではありません。
世界に対してどういう考え方を持つべきか。
それを学び、より柔軟により深く、自覚を芽生えさせてくれるものが
映画です。
映画とは、それくらい人類に役立つ素晴らしいものです。
過去には命懸けでそういう役割を果たしてきた映画がありました。
これからもまた、そういう役割を果たす映画は生まれてくるはずであ
り、生まれてこなければなりません。

「戦争や病気ごときには殺されねえぞ。世界が平和になるまで生き抜いて、間違いなく平和にしてやるからな」

ぼくがそう思っているように、みんなにもそういう覚悟を持ってほしい。それがぼくからのメッセージです。

第3章 ネバー ギブアップと ハッピーエンド

表現はアクションではなくリアクション

第2部として、ここからは質疑応答の時間となっている——。

最初に質問したのは会場に来ていた男子学生だ。

「今日は自分のフィロソフィー、人生を変える契機にしたいという気持ちもあってこの講義に来ました。でも、自分が変わるというのは怖いことでもあります。大林監督のフィロソフィーには一貫したものがあると思うんですが、これからもなお吸収し続けていかれるのか、変化をされていくのか……。映画を撮るにあたって、そういう部分でのためらいが生まれたりすることはあるものなのでしょうか？」

ひとことで答えるのは難しい質問だった。
それでも大林監督はためらわずに話を始めた。
表現者にとってのフィロソフィーとは何か？
映画にとってのフィロソフィーとは何か？
そうしたことについて、あらためて教えてくれたのだ。

ぼくたちは表現者です。

「表現とは何か？」と問いかけると、普通はみんなアクションと言うけれど、ぼくはリアクションだと思っています。

アクションというのは欲望そのままなので、政治や経済がアクションの最たるものです。自分の考える正義のために、政治をこうする、経済をこうする……とやっていきます。

表現はそうではありません。

人間の正気から生まれてくるものです。

世界が美しいから絵にしてみよう、などと反応しているわけです。

空がきれいだからにっこりしよう。

緑がきれいだから優しい絵を描こう。

そういうことがリアクションになるわけです。

リアクションにもいろいろあります。

緑はきれいだけれども、ここでは緑の上で跳ねている虫を描こう、というような少しあまのじゃくな表現もあります。

きれいな緑が平和な一日をもたらす景色になっている場合もあれば、自分の家族が虐殺された記憶と重なってくる場合もあります。

この光景はどういう幸せをもたらしてくれるのか？

憎むべきものなのか？

そこにあるのが表現というものです。

リアクションだからこそ、フィロソフィーが生まれてきます。

ぼくたち人間は神様ではありません。

神様だけがアクションとしてのフィロソフィーを持てるのかもしれないけれど、ぼくたち人間は、表現することで神様のまねをするのが許されているだけです。そこに限って神様に甘えてまねをさせてもらい、「これが今日のフィロソフィーです」とやっているわけです。

神様のフィロソフィーはすべてが自然で正しいのでしょうが、ぼくたち人間のフィロソフィーは、半分は正しくても半分は間違っているかもしれない。たとえ間違えているのだとしても、一生懸命、間違えています。だからこそ、映画の中でも「ぼくの話を聞いてください」と訴えることもできるのです。

表現者は「ゆるキャラ」になってはいけない！

ゆるキャラというものがあります。

ぼくは表現する人に対しては「ゆるキャラにだけはなるなよ」といつも言ってます。表現者に限らず、物事を判断するうえでは、誰もがゆるキャラにならないようにしておく必要があります。

ゆるキャラというのはある意味、国家戦略です。

国民がみんなゆるキャラになったとすれば、どうでしょうか?

政治はものすごくやりやすくなります。

経済もやりやすくなります。

「国民よ、何も考えるな。権力者が言うとおりにやっていれば間違いないぞ」

ゆるキャラに慣れるというのは、国民に何も考えさせないようにする権力者の術中にハマるということです。

もちろん実際は、そういう目的でゆるキャラが生まれたわけではないでしょう。結果としてそうなっているということです。

ゆるキャラは観光資源になるので、全国いろんなところで生まれていますが、よく注意して見ているとわかることがあります。

災害があった里のゆるキャラはみんな、怖い顔をしています。濃いキャラなんです。やっぱり災害があった人たちの里では「国家権力なんかにだまされないぞ」となっているからなのだと思います。自分たちの力でこの町を再生しなくてはならないという強い意志があるから、その意志がゆるキャラにも出ているわけです。

だからぼくは、表現者であるなら、ゆるキャラではなく超濃いキャラになって、何かを表現してほしいと言い続けているのです。

受け止める側もそうです。

ゆるキャラにはならず、「何が起きたか」「今、何が起きているのか」をしっかりと理解して、流されないようにしなければなりません。

ネバーギブアップというメッセージ

日本人にとって3・11が転機になったように、アメリカにとって大きかったのは9・11です。

2001年にアメリカで起きた**同時多発テロ事件**です。

ベトナム戦争を別にすれば、それまでアメリカは戦争で勝ち続けてきました。そういうやり方によって平和を保とうとしてきたのがアメリカという国です。その国であのような同時多発テロが起きたことにより、アメリカに生きる人たちは「アメリカという国を自覚しよう」というリアクションを起こしました。

9・11後から、ぼくがハーバード大学やイエール大学などに呼ばれて

同時多発テロ事件　2001年9月11日、4機の旅客機をハイジャックした犯行グループが、世界貿易センタービルや国防総省ビルなどに旅客機を激突、墜落させて3025人もの死者を出した自爆テロ事件。アメリカはイスラム過激派のオサマ・ビンラディンを首謀者と断定してアフガニスタンを攻撃した。

ベトナム戦争　ベトナム民主共和国（北ベトナム）の支援を受けた「南ベトナム解放民族戦線」と、ベトナム共和国（南ベトナム）の間で行われた戦争。南

ティーチングをすることになったのもその表れです。

映画について語ろうとするときには必ず「あなたの戦争体験は？」と質問されるところから始まりました。

その質問のあとに今度はぼくのほうから「あなたがたが映画に求めるものは何ですか？」と聞きます。そこで返ってくる答えは二つ、「ネバーギブアップ」と「ハッピーエンド」です。

ネバーギブアップとはどういうことでしょうか？

本来は、夢や希望を失わないネバーギブアップが映画のフィロソフィーであるはずなのに、戦争中につくった戦意高揚映画ではそこが違っていました。

戦争中には「敵が滅びるまで自分たちは滅びない」という思想に置き

ベトナムを支援するアメリカは65年から50万人以上の兵力を投入していたが、69年に臨時革命政府が樹立。73年にパリ和平協定が成立すると、ベトナムから撤退した。

かえられていたのです。

そういう間違ったネバーギブアップは、敗戦によって使い切ってしまったといえます。あえて忘れた面もありました。

映画の中にはフィロソフィーがあり、そのフィロソフィーに感動するというのが映画を観るということです。しかし、「日本は勝ち、アメリカは負ける」と信じていたぼくたちは、戦争で負けたことを知らされ、「日本人が間違っていた」と聞かされました。

その途端、それまで示されていたようなネバーギブアップを押しつけられることにはうんざりしたわけです。

9・11がもたらしたアメリカ映画の変化

第二次大戦では勝ったアメリカも、やがて同じようなことを感じることになります。まずはベトナム戦争によって、映画で示されるネバーギブアップというフィロソフィーに対して疑問を持つようになっていたといえるはずです。

そのうえで9・11があったわけです。

アメリカの表現者にとってもこれは大変なことでした。

『**スター・ウォーズ**』で9作品をつくろうと予定していた**ジョージ・ルーカス**は、6作品で製作からおりました。

どうしてやめたのかといえば、自分たちがああいう映画をつくってい

スター・ウォーズ　1977年に公開されたジョージ・ルーカス監督によるスター・ウォーズ第1作が『スター・ウォーズ エピソード4／新たなる希望』。エピソード4・5・6から成る「オリジナル・トリロジー」から始まり、エピソード1・2・3の「新3部作」、エピソード7・8・9の「続3部作」と展開していく9部作となったが、エピソード3を最後にルーカスは製作から撤退した。

たから、それをまねしたようなテロが起きてしまったのではないかと考えたからではないでしょうか。

『スター・ウォーズ』では破壊や殺戮が描かれてきました。

ルーカス作品に限ったことではなく、CGを駆使すれば何でもできるので、何万人も死ぬような映画はこれまで少なからずつくられてきました。小さい頃からそういう映画を観ていた若者であれば、こうした映像と自分たちがやろうとしているテロを結びつけて考えている部分もあったかもしれません。

ぼくなどは9・11のテロを最初にテレビで見たとき、ルーカスの映画の予告編かと思ったくらいでした。

それだけ近似性が高いのですから、映画におけるフィクションの描写は現実のテロを引き起こす力にもなりかねないということです。

ジョージ・ルーカス 1944-。アメリカの映画監督・プロデューサー。『スター・ウォーズ』シリーズの他、製作総指揮を務めた『インディ・ジョーンズ』シリーズもヒットさせている。『アメリカン・グラフィティ』(73年)も初期の代表作。

その意味でいえば、ああしたテロは、ぼくたち映画人がつくってしまったものだといえなくもありません。

ルーカスは自分がああいう映画をつくっている限り、映画ファンからテロリストが生まれてくるかもしれないと考えたのでしょう。そうはならないようにと、『スター・ウォーズ』のような映画からは手を引いたわけです。

『スター・ウォーズ』ではなく『スター・ピース』をつくればいいのかもしれません。ですが、巨額の製作費を投じて『スター・ピース』をつくっても客は入らない。そのためルーカスは、これからは自宅で個人映画のようなものをつくっていくという事実上の引退宣言をしています。今頃は自宅の庭で草花や虫などを撮っているのかもしれません。そうだとすれば彼は、それによって〝正気の映画作家〟になったのだともいえ

スティーヴン・スピルバーグ 1946-。アメリカの映画監督・プロデューサー。『ジョーズ』(75年)、『未知との遭遇』(77年)、『E.T.』(82年)など多数のヒット作を監督。『インディ・ジョーンズ』シリーズの監督も務めている。

るのです。
ルーカスだけでなく、アメリカの表現者たちには切実な思いがあったはずです。
スティーヴン・スピルバーグにしても、**『宇宙戦争』**を最後に戦争や破壊を描いた映画は撮らなくなりました。

9・11後のアカデミー賞を見ていても、平和を願うような映画ばかりが受賞しているのがわかります。まず「おや？」と思ったのは、2012年の作品賞に**『アーティスト』**という映画が選ばれたことです。『アーティスト』はフランス映画です。外国語映画賞（注・2020年からは「国際映画賞」に）を受賞するならわかりますが、作品賞や監督賞などに選ばれました。こうした受賞は、アカデミー賞の歴史をひも解

宇宙戦争　2005年公開のアメリカ映画。原題は『The War of the Worlds』で、原作はH・G・ウェルズ。

アーティスト　2011年公開。フランス、ベルギー、アメリカの合作映画。監督・脚本はミシェル・アザナヴィシウス。サイレントからトーキーに移り変わる頃のハリウッドをモノクロのサイレントで描いた作品。

いても初めてのことだといえます。

モノクロ、サイレントのフランス映画がどうして作品賞をとれたのでしょうか？

それもやはり時代の流れだった気はします。

『アーティスト』にはメイク・フィロソフィーがあり、そうした部分こそが見直されるようになったということです。

新しいネバーギブアップ

少し歴史をさかのぼっておくと、アウシュヴィッツ強制収容所でナチス・ドイツが何をやったのかは必ず知っておくべきです。

アウシュヴィッツによって我々は「死」というものを学びました。ナチスが残虐な行為を始めた早い段階に、ユダヤ系の人がアメリカのルーズベルト大統領にそれを報告し、「アウシュヴィッツではあまりに非人道的なことが行われているので、あそこだけでも早く解放させてほしい」と話すと、こういう返事があったといわれています。

「2〜3年もすればアメリカが勝つだろう。勝ったときには負けた国を滅ぼさなければならない。そのためには、負けた国がやっていた悪事はしっかりと歴史に残さなければならない。だからアウシュヴィッツはアメリカにとってても貴重なものだ。ドイツ軍には好き勝手にやらせておけばいい」と。

本当にそういう発言があったのだとすれば、アウシュヴィッツでの殺戮は、なかばアメリカの責任にもなるはずです。

アウシュヴィッツ強制収容所 1940年から45年にかけてナチス・ドイツがポーランド南部に設置した収容所などの施設群。収容された約9割がユダヤ人で、犠牲者の数は150万人に上るといわれる。

こうしたことがあり得るのが戦争です。

外交や政治にしても同じようなものです。

偽りや隠し事の中に正義があるのだということを、ぼくたちはまざまざと教えられてきました。

それは日本人だけではなかったということです。

ベトナム戦争があり、9・11があったことで、アメリカ人の意識も変わってきたはずです。

そのためか、アメリカの人たちは、今もう一度、ネバーギブアップをよみがえらせようとしています。

そのネバーギブアップは、これまでと同じものではありません。

ベトナムに勝とうとするネバーギブアップではなく、「二度とベトナム戦争のようなことは起こさないネバーギブアップ」「二度とアウシュヴィッツを容認しないネバーギブアップ」になりつつあるのです。

ぼくたちは今、子どもや孫たちに戦争を経験させないためにも平和を守るためのネバーギブアップをフィロソフィーにする必要があるのです。

ハッピーエンドなんて、この世にない？

一方のハッピーエンドはどうでしょうか。

映画の歴史を語るうえで重要な問題をはらんだ部分です。

ぼくたち世代の人間は、映画はすべからくハッピーエンドであるべしと思っていた面がありました。それでいながら、ハッピーエンドなんてこの世の中にないぞ、と誰もが思っていたのです。

戦争が終わって、一見、平和になりました。

敵は攻めてこないし、殺されることも、まあないだろう、と。

だけど、それで幸せになったのかといえば、そうでもありません。相変わらず世界中で戦争は続いています。

ぼくがいちばんショックだったのは、朝鮮戦争が始まったときのことです。映画を観ることで好きになっていたアメリカやイギリスの白人たちは死んでいくし、日本人と同じ黄色人種のアジアの人たちも死んでいきました。

こんな戦争はすぐに終わればいい。みんながそう願っているだろうと思っていたら、ある日、我が家の食卓にステーキが出されたのです。

当時、どんなものがごちそうだったかといえば、サツマイモなどで

朝鮮戦争　1950年に北朝鮮軍が北緯38度線を越えて南下したことで起こった、朝鮮民主主義人民共和国（北朝鮮）と大韓民国（韓国）の戦争。アメリカを中心とする国連軍は韓国側につき、中国の人民義勇軍が北朝鮮側についた。53年7月に休戦協定が成立。

す。サツマイモは甘いけど、ジャガイモは甘くないから悲しい。そういう食卓だった時代です。

それなのに突然、ステーキが出てきたのですからびっくりしました。「どうして？」と聞いてみると、朝鮮戦争の特需で日本は復興しているんだと教えられました。

敗戦を味わったばかりの子どもであるぼくにとっては大変衝撃的なことでした。日本の戦争が終わっても、誰もぼくを殺さず、自決もしなかった。生き残った大人たちは〝平和難民〟になって、平和だ、平和だとスキップを踏んでいました。子どものぼくたちが戦争について話せば、「そんなことを話していたらダメよ」と封じられていた中で隣の国で戦争が始まったんです。

さあ、大変だ！　大人たちはまたみんな戦争へ行くのか、と思っていたら、その戦争のおかげで日本が復興していると言われたのです。

黒だと思っていたものが白だと言われるのにも近かった。その瞬間、何を信じればいいのかがまったくわからなくなったのです。

祈るように生み出したフィロソフィー

『アーティスト』がアカデミー賞を受賞した話に戻します。『アーティスト』の監督、ミシェル・アザナヴィシウスはフランス人であっても、ユダヤ系の人です。

アカデミー賞をとったすぐあとには、**チェチェン紛争**を描いた『**あの日の声を探して**』という映画をつくりました。

チェチェン紛争　チェチェン共和国とロシア連邦軍との間で起こった民族紛争。
あの日の声を探して　2014年公開。フランス、グルジアの合作映画。監督・製作・脚本はミシェル・アザナヴィシウス。

この映画は実は、古いハリウッド映画のリメイクです。その映画が何かといえば、**フレッド・ジンネマン**がつくった『**山河遥かなり**』です。この映画はナチスのために母親と生き別れになった少年の話です。どうしてそういう映画をリメイクしたかといえば、やはりこの監督がユダヤ系の人だからなのでしょう。

ハリウッドが『アーティスト』をアカデミー賞に選んでくれたことに対する恩返しの意味もあったかもしれません。

ハリウッドとユダヤ系の人たちとのかかわりにも大きなものがあります。かかわりといったレベルの話ではありません。

ハリウッド映画の歴史をつくってきた人たちのルーツをたどれば、**ホロコースト**で多くの犠牲者を出したユダヤ系の人たちと結びつきます。

フレッド・ジンネマン 1907-1997。アメリカの映画監督。『真昼の決闘』(52年)、『地上より永遠に』(53年)、『ジャッカルの日』(73年)なども代表作。

山河遥かなり 1948年公開のアメリカ映画。ナチスによって母親と離れ離れにされて失語症になった少年と、アメリカ兵の交流が描かれている。

ホロコースト ナチス・ドイツによるユダヤ人大量虐殺。犠牲者の数は断定できないが、約600万人が殺されたといわれる。

エジソンが映画の元祖となるキネトスコープ（上映装置）を発明して人気になると、アメリカの東部にはそのためのトラストが設立されました。しかしユダヤ系の人たちは出自が違うということで、トラストには入れてもらえませんでした。

当時、アメリカといえば東海岸でしたが、排除されたユダヤ系の人たちは大陸を横断して西海岸にたどり着きました。そこを〝新天地〟として自分たちの理想の国をつくろうと考えたのです。

それがハリウッドです。

だから今でもハリウッドは8割くらいがユダヤ系の人たちです。

そのため東海岸でハリウッドの話をしても、そっぽを向かれることがあります。そういう人たちは「あそこはユダヤの国でありアメリカじゃない」というわけです。独立戦争で東海岸を勝ちとったことを誇りにしているアメリカ人にとってのアメリカはあくまで東部であり、西海岸は「商売人のユダヤ人の住むところ」という意識が根強いといえます。

第一次大戦や第二次大戦で国が敗れたり、身内がホロコーストで殺されたあと、海を渡ってアメリカに逃れてきて、ハリウッド映画をつくり始めた人たちも少なくありません。

そういう人たちは「映画によって平和で自由な国をつくろう」と志していました。

彼らは、世界がアンハッピーだということを知っていました。肌で体験していたのだから当然です。

世の中が平和だというのも大うそだと思っていました。

だけど、そのうそを信じていれば、いつか「まこと」になって、平和が実現するかもしれない。

それがハッピーエンドという思想です。

ハッピーエンドは、ハリウッドで映画をつくり始めた人たちが祈るように生み出したフィロソフィーだといえるのです。

『真昼の決闘』か、『リオ・ブラボー』か

サイレントの時代から1950年代までのハリウッド映画には、ハッピーエンドというフィロソフィーがありました。ぼくは幸せなことに1960年代までに日本で観られた映画は全部観ていた人間なので、最高のフィロソフィーを持つ映画を観てきたわけです。

『山河遥かなり』をつくったフレッド・ジンネマンについては、最初は

アメリカの人だと思っていました。この人がアルフレート・ツィンネマンという名のユダヤ系ドイツ人として生まれていたということはあとから知りました。しかも両親ともホロコーストの犠牲になっていたのです。彼がつくる映画を観れば、そういうバックボーンがあるのはうなずけます。作品の中には体験から生まれた思いがしみ出ているからです。

それはもちろん、フレッド・ジンネマンに限った話ではありません。だからこそアメリカの人たちは、映画の話をする際にはまず「あなたの戦争体験は?」と聞いてくるわけです。それを知れば、その人の〝映画の正体〟がわかると考えているからです。

フレッド・ジンネマンがつくった有名な西部劇に『**真昼の決闘**』があります。原題は『High Noon』といいます。不思議な名作です。

真昼の決闘　1952年公開のアメリカ映画。主演のゲイリー・クーパーはこの映画でアカデミー主演男優賞を獲得。妻役はグレース・ケリー。批判の声も多かったが、西部劇の傑作。

主人公の保安官である**ゲイリー・クーパー**が4人の悪漢に立ち向かうことになります。一人で戦えば殺されてしまうので仲間を求めようとしますが、誰も助けてくれません。結局、たった一人で戦うことになり、結婚したばかりの妻に助けられながら、なんとか相手を倒します。

最初にこれを観たときにぼくたちは「こんなに主人公が情けない西部劇があるのか⁉」と驚きました。しかし、これが両親をホロコーストで失ったアルフレート・ツィンネマンがつくった映画だと知れば、見方が変わります。そういう監督が、主人公が勇ましいだけの西部劇をつくるとは考えにくいからです。

それでもやはり『真昼の決闘』を観て、怒った人たちもいました。こんな保安官は話にならないし、こんな映画は西部劇ではない、と。

そういう感情からつくられた映画もあります。**ハワード・ホークス**と

ゲイリー・クーパー
1901－1961。アメリカの俳優。『モロッコ』（30年）、『ヨーク軍曹』（41年）なども代表作。

ハワード・ホークス
1896－1977。アメリカの映画監督。ジョン・ウェインとのコンビ作が多数。

いう名監督が、ジョン・ウェインを主役にして撮った『リオ・ブラボー』がそうです。

ジョン・ウェインは勇敢に敵に向かっていき、それを助ける仲間たちもいて、やはり素晴らしい作品です。

映画は難しいものです。『真昼の決闘』も『リオ・ブラボー』もどちらも素晴らしい作品であるのにフィロソフィーは正反対です。

ハワード・ホークスはインディアナ州で生まれた生粋のアメリカ人なので、「俺たちは正々堂々と勇敢に敵と戦ってきちんと勝ったじゃないか！」という考えがあり、それに基づいて西部劇をつくれば『リオ・ブラボー』になるわけです。

日本人でも当時は、「『真昼の決闘』なんて西部劇ではなく、『リオ・ブラボー』こそが西部劇なんだ！」という反応が多かったものです。

ジョン・ウェイン 1907-1979。アメリカの俳優。『勇気ある追跡』（69年）でアカデミー主演男優賞を受賞。

リオ・ブラボー 1959年公開のアメリカ映画。原作はB・H・マッキャンベルの短編小説。

そういう反応に偏ったのは、日本人の映画に対する見方が浅かったからだともいえるはずです。

まだ、ゆるキャラは生まれていない時代でありながら、日本人は考えることを放棄したゆるキャラのようになっていたのです。

今、『花筐／HANAGATAMI』をつくった理由

『花筐／HANAGATAMI』は、40年以上も前の昭和50年（1975年）に脚本を書いていた作品で、そのときには原作者の檀一雄さんのもとへ映画化したいというお願いに行きました。

その後、檀さんは亡くなってしまいましたが、この映画化が立ち消え

檀一雄（だん・かずお）
1912-1976。小説家。『真説石川五右衛門』で直木賞を受賞。映画化もされた『火宅の人』が遺作。大林宣彦監督が『花筐／HANAGATAMI』の映画化を申し出たとき、末期の肺がんに罹患しており、『火宅の人』の最終章「キリギリス」を口述筆記で仕上げていた。

『花筐／HANAGATAMI』

配給／新日本映画社

になったのは「純文学を原作にした戦争映画なんて誰も観ない」と考えられた時代だったからです。

当時からあの戦争の忌まわしさ、恐ろしさをなんとか伝えたいと思っていましたが、40年前には誰もそんなことには耳を貸してくれなかったわけです。

今ようやく、その映画をつくることができました。

映画の役割のひとつには、多くの人が無自覚でありながらなんとなくおびえていたり、違和感を覚えているものの正体を面白おかしく提示していくことがあります。

映画はエンターテインメントです。

普段はあまり考えないようなことでも、映画に引き込まれていくことによって考えるようになる場合もあります。

『海辺の映画館ーキネマの玉手箱』

配給／アスミック・エース

ぼくの場合、今の人たちにも戦争について考えてほしいということでこしらえた映画が『花筐／ＨＡＮＡＧＡＴＡＭＩ』だったのです（注・今現在でいえば『海辺の映画館―キネマの玉手箱』も）。単にエンターテインメントとして映画を楽しむのではなく、その背後にあるフィロソフィーを感じとれるかどうか――。

今の時代であれば、それができるのではないかと期待した部分もあります。というよりも、できなければならない。

そういう時代になっているということです。

第4章

自分に正直に生きるということ

子どもが見ていた「大人の正体」

次の質問は「人生の目標はどのように組み立て、達成すればいいでしょうか？」というもの。これに対して大林監督は、自分の幼いときからのことを振り返って話してくれた——。

ぼくは世界の映画人の中でもユニークで珍しい存在といえます。

普通の人たちは最初に映画を観ます。映画を観て、好きになって、

「自分もああいう映画をつくりたいなあ」ということで職業としての映画監督になるのをめざすというのが一般的な流れです。

ところがぼくは、観る前につくっていた人間なんです。

だからぼくにとっての映画は、観ることよりまず、つくることになっています。

ぼくは戦争中の子どもです。

父親は、ぼくが生まれてまもなく軍医として戦争に行きました。それでぼくは、**尾道**の母方の実家で育てられました。

医家の旧家で、おじいちゃん、おばあちゃん、親戚に看護婦さん、お手伝いなど、常に20人くらいは家にいる大所帯でした。近くに住む若い衆や年寄り衆など、たくさんの人たちがいつも出入りしていて、常に人であふれている家だったのです。

尾道　広島県南東部に位置し、「坂の街」「文学の街」「映画の街」としても知られる。小津安二郎監督の『東京物語』（53年）は尾道で撮影された。大林宣彦監督の『転校生』（82年）、『時をかける少女』（83年）、『さびしんぼう』（85年）は「尾道3部作」として知られる。

2階建ての広い家で、結核などで死んでいく人のための部屋もありました。知っている人が死んでいくところもずいぶん見ました。ぼく自身、そのうち死ぬのだろうなと思っていたし、すでに死んでしまっている人から話しかけられるように感じることもありました。

普段から虚構の中にいるようところがあったのです。

それこそ映画の中にでもいるような感覚でした。

「今は生きていても、もうすぐ死ぬんだ」ということは、少年時代にしっかりと学んでいました。

最近の大人たちは子どもに油断しがちで、「子どもに戦争のことなんかわかるか!」などと言ったりしますが、僕たちが子どもの頃は、周りの大人たちが話していることを一生懸命聞いていたものです。

戦争は大人がしていたのですから、大人の話を聞いていれば、戦争の

『転校生』
©1982日本テレビ・東宝

状況も大人の正体もわかりました。

この家にはぼくをかわいがってくれたおばあちゃんもいました。おばあちゃんの部屋へ行くといつも、きれいな缶の中に入っているおせんべいや飴などをくれたので、おばあちゃんが大好きでした。

だけどあるとき、おばあちゃんの部屋の襖《ふすま》を開けると、おばあちゃんは、いつものきれいな缶をすっと炬燵《こたつ》の下に隠してしまったのです。

そのときぼくは三つか四つだったと思います。それでも子ども心に「ああ、おばあちゃんにも秘密があるんだな。ぼくには食べさせてくれないお菓子を持っていて、ぼくがいないときにおばあちゃんはそれを食べるんだ」と思ったものでした。

ぼくのために生きてくれているようにも感じていた優しいおばあちゃ

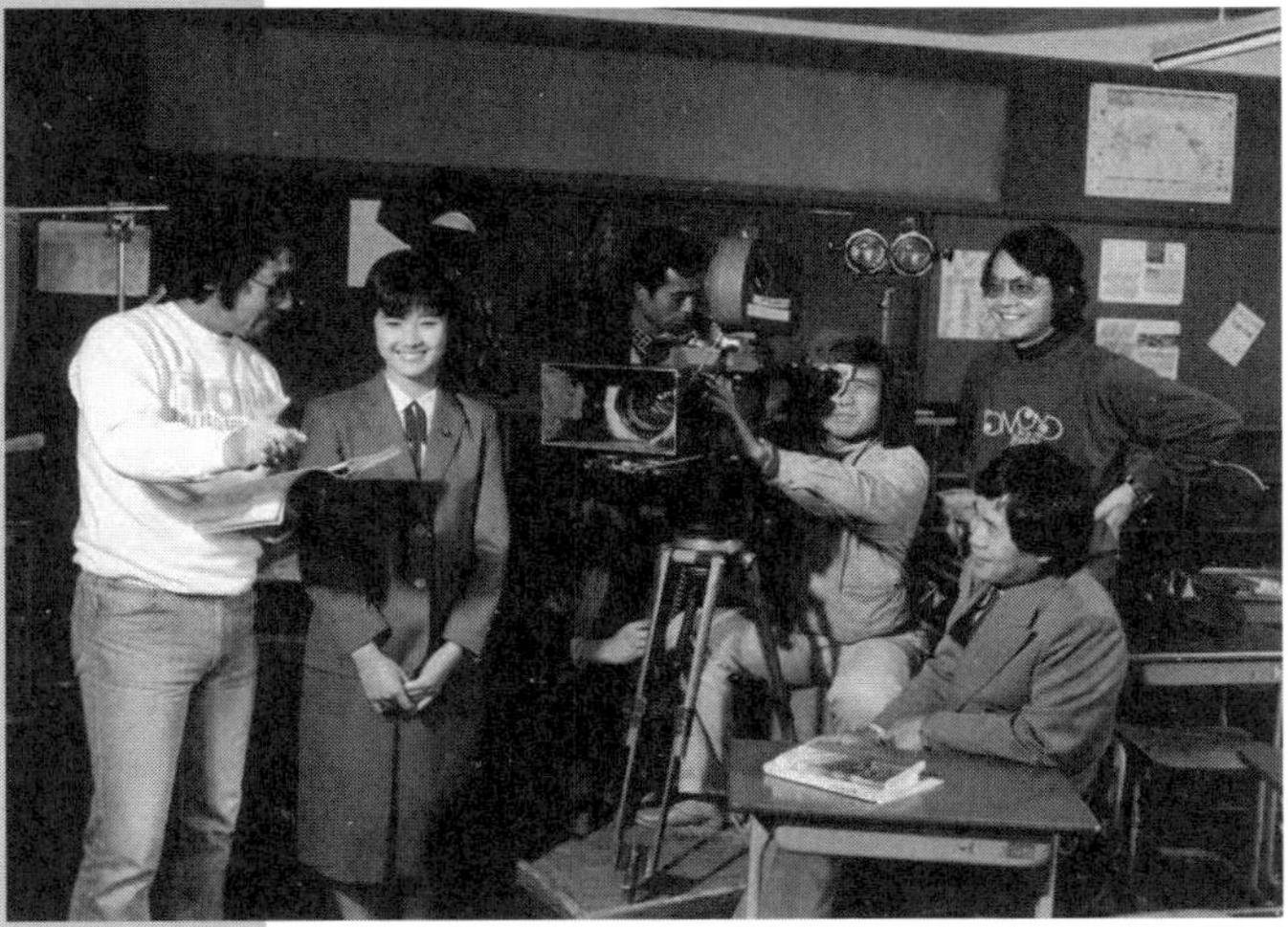

『時をかける少女』
写真提供／PSC ©PSC

んにもやっぱりおばあちゃんの人生があり、ぼくが知らないこともいっぱいあるんだな、と。そんなふうに思って、おばあちゃんのことを理解するのも大変なことなのだと知りました。

大好きで信頼していた人のことさえそういう見方をします。子どもは、こすっからい観察眼を持っているものです。子どもにとってはお菓子を食べるのがいちばん平和で幸せなことなので、いちど何かを隠されただけで断絶が生まれたともいえます。おばあちゃんに限らず、そんな観察眼を持って大人を見ていたわけです。

『さびしんぼう』
写真提供／PSC ©PSC

どうやら日本は負けているみたいだ…

田舎で医家の旧家といえば、文化の中心のようなものです。

うちのおじいちゃんは年中、モーニングにシルクハットで、ステッキをついて、人力車を引かせて町の中を回っているような人でした。

そのおじいちゃんは夜になると、ふんどし一本の姿になって、大広間にどんと座ります。おじいちゃんのもとには警察署長や郵便局長、小学校の校長、ヤクザの親分なんかが集まってきました。みんながふんどし一本になって酒を酌み交わし、「裸になればみんな同じだ」と言って天下国家のことを語り合っていたのです。尾道には色街もあるので、芸者さんたちも毎日、大勢やってきて、騒いでいました。

子ども部屋などはない時代ですから、そういう大人たちの横でぼくは双六をやったりして遊んでいました。

おじいちゃんたちはみんな元気がよかったのですが、『ハワイ・マレー沖海戦』が上映された頃になると、様子が変わってきました。すっかりしょぼくれてしまい、おまわりさんに見つからないように身を潜めている泥棒に似ているようにも感じられてきたのです。

ぼそぼそと話していることを耳ざとく聞いていると、「あっちで負けた、こっちで負けた、何人が死んだ」というような話ばかりをしているのがわかりました。子どもだからこそ純粋に、どうやら日本は負けているみたいだと気がついたのです。

とはいえ、当時の大人は、子どもに対してはそれを隠して、勝ち戦の話をしなければなりませんでした。勝った戦といえば、日清戦争や日露

日清戦争 1894〜95年。朝鮮の支配権をめぐり、日本と清国(中国)の間で行われた戦争。日本が勝利した形で日清講和条約が調印された。

日露戦争 1904〜05年。朝鮮、満州の支配権をめぐる対立から、日本とロシアの間で行われた戦争。アメリカの仲介によりポーツマス条約を結んで終結。日清戦争における日本の死者は約1万3000人だったが、日露戦争では約8万4000人の死者が出た。

戦争なので、その頃の話をよく聞かされました。
乃木希典大将が自分の息子二人を亡くしながらも爾霊山《にれいさん》（二百三高地）を攻略したのは日露戦争のことですが、大人たちからは、今起きていることのように聞かされていたので、太平洋戦争の話だと思っていたくらいです。
敵艦の魚雷を受けて撤退しようとしていた**広瀬武夫**中佐が「杉野はいずこ?」と部下を探しに自艦に戻り、戦死したのも日露戦争です。このこともやはり太平洋戦争のことだと思っていました。
3人の兵隊さんが爆弾を持って敵陣に突っ込んでいった**爆弾三勇士**などはそれより前の上海事変の話ですが、自分も爆弾三勇士の先頭になって敵陣に走っていこうと決めていたくらいでした。

乃木希典（のぎ・まれすけ） 1849－1912。陸軍軍人。日露戦争では二百三高地を含む旅順攻略の指揮をとった。明治天皇が崩御すると殉死。その後、日本各地に乃木神社が建立された。

広瀬武夫（ひろせ・たけお） 1868－1904。海軍軍人。日露戦争で福井丸を指揮して戦死。「軍神」と称えられた。

爆弾三勇士 6社により映画化されたほか、「爆弾三勇士の歌」がつくられ、銅像も建てられた。

死ななかった自分は卑怯だ

そういう中で日本は負けました。

ある頃からは負けているのがわかっていたからか、不思議には思いませんでした。

ただし、戦争に負けたのだから、自分は大人に殺されるのか、自分で死ななければならないのだろうとは決めつけていました。それなのに、そういう気配はなく、どうすればいいかと悩んでいた頃、母親から「今日は母ちゃんと一緒にお風呂に入ろう」と言われたのです。

「戦争に行ってる父ちゃんのお帰りは待てないので、ひと晩起きて母ちゃんと話をしていよう」ということでした。

今の若い人には考えられないかもしれませんが、物心ついてから母親と一緒に風呂に入ったことはありませんでした。

当時は男尊女卑の時代です。お風呂はおじいちゃんが最初に入って、それから男性陣が順番に入っていき、男の最後としてぼくが入ったら、次はおばあちゃん。それからまた女性たちが順番に入っていきます。

だから、このとき母親と風呂に入り、初めて母親の裸を見ました。

なんとまあ、母ちゃんの裸のきれいだったことか!

女の人の若々しい柔らかい肌を見たのも初めてでした。「母ちゃんは本当にきれいな人なんだな」と感動したものでした。それが強く記憶に残っています。

お風呂から上がると母親は、腰まであった長い髪を裁ちばさみでばっさりと切り落としました。そして父親が残していった国防色(カーキ色）の国民服を着ました。ぼくは、風呂上がりなのに浴衣ではなく、つぎあてのない三つ揃いのスーツを着せられました。

普段は、ぼくの寝間で母親が添い寝をしながらお話をしてくれて、ぼくが眠りにつくと、母親は自分の部屋に行くようにしていましたが、その日は違いました。

寝間には布団が敷いてなく、座布団が2枚敷かれてました。ぼくと母親は向かい合って座布団に座りました。その間には短刀が置かれていました。肺病などで亡くなった人がいると、棺《ひつぎ》に入れるまでの間、胸の上に置いてお守りにしていた短刀です。

それを見たときに満7歳のぼくはすべてを理解しました。

進駐軍が尾道にまで来るという話は聞いていました。赤鬼青鬼と呼ばれたアメリカやイギリスの兵隊さんがやってくれば、ぼくたちは食べら

国民服　1940年に国民が常用すべきものとして制定され、敗戦時まで男子が標準服、礼服として着用した衣服。女性には婦人標準服が定められていた。

れてしまう……。実際に食べられるわけではありませんが、男は撲殺、女は強姦されると考えられていたのです。撲殺、強姦なんて言葉はまだ知らなかったけれども、そういうひどい目に遭うのだと思い込んでいたのです。

だから母ちゃんは、その前にぼくを殺して、自分も死ぬんだな、とわかりました。

怖くはなく、ほっとしました。

母ちゃんが殺してくれるんなら、痛くはしないで、優しく殺してくれるだろうと安心できたからです。

でも、ぼくが死んだあとで母ちゃんは、一人でどうやって、あのきれいな胸を刺すんだろう……。

そんなことを考えているうちに眠ってしまったようなのです。

目が覚めたとき、ニワトリがコケコッコーと鳴いていました。閉めていた雨戸のすき間から光が入ってきていました。

総天然色でした。

外の景色は逆さまになって白い壁に映っていました。

牛乳配達のお兄ちゃんが牛乳を配りに来ているのもわかりました。

「ああ、朝がきた。ぼくは生きている」

そう思ったところまでは覚えているのに、そのときの記憶はそこまでしかないんです。そこからの記憶も途切れ途切れで、その後のぼくがどうやって生きてきたのかわかりません。

「死ななかった自分は卑怯《ひきょう》だ」と、恥じながら生きてきました。

そのうち朝鮮戦争のことを聞かされたりもしたわけです。

日本がどうなっていくかを大人たちに任せていれば、自分たちはまた戦争に追いやられる。

そういう恐怖感だけは常にありました。

談志は言った。「俺はがんなんかで死にたくねえよ」

ぼくたちは「敗戦少年」です。

戦前派でもなければ、戦中派でも戦後派でもありません。敗戦少年であるぼくたちはノンポリを装いながら生きてきたのです。

その象徴的な存在が、たとえば立川談志だったりします。

変わった人ですよね。古典落語の人情ものの名人でありながら、ジーパンのまま高座に上がったりしていました。それで、「今日は古典なんて話す気がしねえや。大林さんも来ているからな。あんたのためだけに話をするわ」なんてことを言い出したりもしたのです。

400～500人いるお客さんをほっといて、ぼくのほうに向かって2～3時間も政治談議をしてしまう。実際にそんなことがあったのですが、ぼくとはべつに特に親しかったわけでもないんです。ただ、同じ戦争中を生きた人間だという親近感があったのだと思います。

そんな談志が最後に正直にぼくに語った言葉があります。

本当は人に言ってはいけないんだろうけど、談志はもういないから、皆さんにそっと伝えておきます。

今だから伝えておかなければならないとも思えるからです。

談志はがんで死にました。あの人らしく超然と死んだように思われているかもしれませんが、そうではありません。

こんなことを話していました。

「俺はな、がんなんかで死にたくねえよ。戦争で殺されもしねえで、死なねえまま、のうのうと生きてきちゃってさ。ここで、がんに殺されたんじゃ、俺が今まで生きてきた意味がねえぞ。だから、がんでは死にたくねえ。死にたくねえから生きてえよ。俺が本当にやりたいことはな……。古典落語は好きだけど、昔の日本が好きだからやっているだけで、これは俺のイリュージョンのサービスにしか過ぎねえんだ。今の世の中には、落語に出てくるような日本人なんて、いやしねえだろう。いやしねえ日本人を語ったってしょうがないわけだよ。むしろ俺は、政治家か活動家になって、シャベル一つを持って沖縄へ渡りたい。自分で沖縄の土を掘って、不発弾の一つや二つでも掘り出せたなら、俺が今ここに生きている意味がある。そう思って政治家になって、沖縄へ行ったよ。だけど、負けた国の政治家なんて、イエッサーって言ってるだけで、何もできやしねえ。だから俺も、酒飲んで酔っ払ってクビになったけどな。大林さん、あのときだけだぜ、俺が本気で日本人として生きたのは」

そんな本音を口にしたとき、談志は泣いていたものでした。

クビになった　立川談志は1971年の参議院議員選挙で初当選。75年には沖縄開発庁政務次官に就任するが、二日酔いで記者会見に臨んだことなどから辞任。参議院議員は1期務めただけで終わった。

自分がやりたい道を行けるのは平和の証拠

ぼくたちは「敗戦少年」として「平和孤児」として生きてきました。

今回は「人生の目標はどのように組み立てればいいのでしょうか?」という質問を受けましたが、ぼくなどは最初から映画監督を志していたわけではないのです。

映画の力に気がつく以前の子どもの頃に、家の蔵でたまたまおもちゃの映写機を見つけました。

最初はそれが映写機だということもわからなかったくらいでしたが、そのうちそれが何をする機械なのかがわかりました。

自分でフィルムの切り貼りなどもするようになり、ついには自分でフィルムに絵を描き、その絵を動かすことを楽しむようになったのです。

うちのおじいちゃんをモデルにした「マヌケ先生」がそうです。それが、ぼくが最初につくった映画だといえます。

映写機を使って遊んでいるのは幸せでした。

ぼくのような子どもだけではなく、大人もそうなんだろうな、と決めつけていました。映写機というものはみんなを笑顔にする機械で、「映

おもちゃの映写機　最初は「蒸気機関車のおもちゃ」だと思って遊んでいたが、やがて映写機だと気がついた。『のらくろ』や『冒険ダン吉』などのフィルムがあったが、そのフィルムの絵は消せることに気がつき、自分でフィルムに絵を描くようになった。

マヌケ先生　カイゼルひげを生やしたおじいちゃんが飛んだりはねたりする作品。「マヌケ先生」＝おじいちゃんのことは、ある種の親近感を持って尊敬していたという。

画と暮らしていれば幸せなんだ」と思っていたのです。

ぼくにとっての映画が、観るより先につくることから始まったというのはそういうことです。


子どものうちは、将来、何になろうと考えることはありませんでした。医者の家に生まれた限りは医者になるものだと思っていたからです。

そのためには医学部を受験しなければならないということをはっきり意識し出したのは高3になってからでした。その頃には、どこかの大学の医学部に入って、映画を観ながら暮らしていこうという考えになっていたのです。

それで慶應の医学部を受けましたが、その試験中に「医者じゃない大人ってどういうものなんだろう?」ということを初めて頭に思い浮かべました。そのためか、「今、この教室から外に出たらどうなるんだろう」とも考えるようになったのです。それでぼくは実際に、試験1日目の途中で教室から出てしまいました。試験からのリタイアです。

尾道に帰ってそれを父に話しました。

「医者にならないなら何になるんだ?」と聞かれたとき、「映画をつくるよ」と答えました。

とっさに出た言葉でした。

映写機で遊ぶ体験があっただけでなく、敗戦後のぼくは、とにかく映画館に通い続け、「映画を観るほかには生きる意味がない」というような感覚になっていたからです。

父にそう言ったことから、映画と生きていくことを意識するようになりましたが、そのためにどうすればいいかといったことは何も考えていませんでした。

結局ぼくは、浪人という名目で東京に出て毎日5本くらいの映画を観る日々を送り、1年後には成城大学文芸学部の映画学科に入りました。それで、自主製作映画を撮っているうちにテレビCMの制作にもかかわるようになったのです。


ぼくが最初に「映画をつくるよ」と言ったとき、父は「自分がやりたい道を行けるのは平和の証拠だ」と言って、すぐに認めてくれました。

父は岡山大学の医学部を首席で卒業していた人で、本当は研究の道を進みたかったようなのです。しかし、戦争のために軍医になりました。戦争から帰ってきたあとは、母方の病院を継いで開業医になっていたのです。戦争によって、自分が進みたい道を奪われていたからこそ、ぼく

テレビCMの制作　自主製作映画のフィルム代を稼ぐのが目的で商店街のPR映画などをつくるようになっていたが、電通のプロデューサーに誘われて本格的にテレビCM制作に携わるようになった。60年代から70年代にかけては2000本以上のCMを撮った。

が好きな道をめざすことを認めてくれたのだと思います。

ぼくが東京に出るときには餞別がわりに8ミリのカメラもくれました。趣味のためのものといえるようなカメラでしたが、大学時代などにはずっとそのカメラを使っていました。

その頃から自分がやっていることが「アマチュア」だという意識がありました。自分が撮っているものは、映画館で上映される映画とは無縁のものだと思っていたのです。

だからこの時期は、小説家や画家になることも考えていました。同人雑誌をつくって小説を発表したりもしていました。

劇場映画をつくるようになってからも、何かを変えたわけではありません。山田洋次さんからこう言ってもらったことがありました。

「大林さんは松竹映画ではできないことをおやりになってる。ぼくにはできないのでうらやましい」

一種の愛情を持って松竹の監督からそうして認めてもらえるアマチュアになれていたということです。

「続き」をやることの大切さ

映画の世界を志しているアマチュアの皆さんは、ぼくの子どものようなものです。

ぼくより20歳くらい若くて、自ら「大林チルドレン」と名乗ってくださっている若い監督さんたちも『HOUSE／ハウス』(77) を観るところから出発しています。

大林チルドレン
『HOUSE／ハウス』(77) のあと、自主映画出身の大森一樹や森田芳光、CM出身の市川準らが商業映画の監督をするようになった。明確な枠組みはないが、犬童一心、岩井俊二、手塚眞、樋口尚文らの名がよく挙げられる。

そのうちの一人は「寅さんも好きで観てましたけど、寅さんを観て自分も映画がつくれるという気にはなりませんでした。でも、同じ頃に大林さんの映画を観ると、カメラさえ持っていれば映画が撮れると思えたんです」と話していました。

それはそうです、それがアマチュアのいいところです。

松竹映画を撮りたいなら、松竹映画のことをちゃんと学ばなければなりません。アマチュアであるからこそ、好きなように撮ることが許されるのです。

映画の評論家たちからは「こんなものは映画じゃない」と言われ続けてきましたが、そういう映画をつくってきたことで、大林チルドレンが生まれました。そして、これから未来の映画をつくっていってくれるのだろうアマチュアの皆さんともこうして出会えているのです。

撮影風景
写真提供／PSC ©PSC

皆さんがぼくの続きをやってくれるのだろうとぼくは思っています。続きをやるというのは大切なことです。

ぼくはアマチュアだけれども、黒澤さんや小津さんや今井正さんたちは、企業の中にいながら〝自分〟であろうとしていました。

小津さんは〝豆腐屋〟として日本映画の巨匠になられたわけですが、それもアメリカ映画を認めていたからこそだったということは、すでに話したとおりです。

『東京物語』にしても、アメリカ映画の『明日は来らず』を下敷きにしながら、いかにも小津さんらしい映画にされています。

今井正さんは戦争中は戦意高揚映画をつくらされていて、戦後は正反対の民主主義啓蒙映画をつくることになりましたが、どちらも素晴らし

今井正（いまい・ただし） 1912－1991。映画監督。37年に東宝作品を撮ることから映画監督としてのキャリアをスタート。戦後はフリーの立場で多くの社会派映画を手がけた。『純愛物語』（57年）ではベルリン国際映画祭銀熊賞（監督賞）、『武士道残酷物語』（63年）では同映画祭金熊賞（グランプリ）を受賞。

い作品でした。戦意高揚映画として撮った『望楼の決死隊』はアクションシーンなどが話題になった作品です。これもやはりアメリカ映画を下敷きにしています。敗戦後には、アマチュアの監督として、戦争は嫌だという映画をおつくりになりました。

映画の魅力を損なわないようにしながら、一生懸命、自分のアイデンティティやフィロソフィーを守っていたのです。

「売れる映画」なんてつくったことがない

アマチュアには制度がありません。もし本当に戦争が好きだという人がいるなら戦意高揚映画に似た映画をつくってもいいし、何をつくるか

明日は来らず 1937年公開のアメリカ映画。監督はレオ・マッケリー。老夫婦の自宅が売却されそうになっても子どもたちの支援を受けられず、老夫婦が別れて暮らすことになる物語。

望楼の決死隊 1943年公開。朝鮮を舞台に国境警察官と抗日ゲリラとの戦いを描いた作品。原節子らが出演。

は自由です。戦争が嫌いであるなら、臆せず正直に「戦争が嫌い」という映画をつくればいいのです。

表現の自由とは、自分にも正直であることです。

医学部受験をやめたぼくも、自分に正直に生きようと考えて、映画をつくっていく道を選びました。それでいながら8ミリのカメラで映画を撮っていることをどのように仕事につなげればいいかがわからなかったから、小説家になることなども考えていたわけです。

今はプロデューサーになっている妻とは学生時代に出会って結婚しましたが、ぼくと一緒になるときには、生涯売れない作家の女房になることを覚悟していたといいます。「売れるより売れないほうがいい」というような考え方がぼくたちにはありました。

だからぼくは、これまでに一度も売れるようにと考えて映画をつくったことはありません。売れなくても、今つくるべきフィロソフィーのある映画をつくり続けるということでずっとやってきたのです。

池袋の新文芸坐で、ぼくの映画を30本上映する『大林宣彦映画祭』というものがあったので観てみましたが、我ながらブレていないのが確認できました。

戦争中のことをなんとか伝えようとしながら、時代ごとにファンタジーや恋愛映画といった枠組みの中で七転八倒してきたのです。

3・11のあとからは、ようやく正直にフィロソフィーを語ることができるようになったのかな、と思います。

『この空の花 ―長岡花火物語』と『野のななのか』に関しては、自分としては「エッセイ映画」としてつくったと考えています。

映画は「劇映画」と「ドキュメンタリー」のどちらかに分けられます

大林宣彦映画祭 『花筐／HANAGATAMI』の公開を記念して2017年9月に東京・新文芸坐で行われた。秋吉久美子、常盤貴子ら豪華俳優陣によるトークショーも実施。

が、そのどちらでもない映画をつくろうという発想です。目で見たことや調べたこと、考えたことから発展させたエッセイとしての映画です。

そして『花筐／HANAGATAMI』は、劇映画の作家として劇映画としてつくりました。

それぞれに表現手法の違いはありますが、伝えたいことをまっすぐ伝えているという点では何も変わりがありません。

映画とはそういうものなのです。

第5章 映画がいらない時代がくるまでは・・・

「花火」になるか、「爆弾」になるか

「技術の進歩は映画にどのような変化を与えるのか？　映画が娯楽として消費されるものになってしまう懸念はないか」

これが3番目の質問——。

映画の技術は発展しています。

3D映画、4D映画といったものまでがつくられるようになっている

3D映画　立体的に表示される三次元映像の映画。多くの場合、専用のメガネをかけて鑑賞することになる。

ことについて、「そういう技術進歩をどう思いますか？」という質問を受けました。

映画は科学文明の発明品なので、技術でつくります。

技術が進歩すれば映像はより華やかになり、よりエンターテインメント性が高いものになっていくのは当然です。

フィロソフィーがしっかりしていて、そのフィロソフィーが間違いなく未来のために役立つと信じたうえでつくられた映画は、華やかで面白いものになります。

同じようなフィロソフィーを持つ映画であるなら、平べったい小さな画面で音のないサイレント映画を観るより、音響や環境効果が整った映画館で観る３Ｄや４Ｄの映画のほうが素晴らしいものだと感じられる部分はあるでしょう。

４Ｄ映画　体感型の上映システム。映画のシーンに合わせて座席が動いたり揺れたりする他、水しぶきや風、においなどの特殊効果が導入される場合もある。

映画を観るというのは、単に鑑賞することを超えて「体験」になります。新しい体験は人間の世界観を変えます。

だからぼくは、新しい技術を否定しません。

ただし、その技術に作者が負けてしまうと、作者は道化になります。技術ばかりに頼って、フィロソフィーのない映画をつくるのは危険です。それによって誤った歴史を伝えるようなことがあれば、映画そのものが犯罪にもなりかねません。

映画に限らず、世の中のものは何でも両面があります。使い方を誤れば、とんでもないことになってしまうのです。

『この空の花 ―長岡花火物語』をつくっている中で、「散開」という言葉を学びました。花火というものは、火薬を爆発させて、空中で散開させるものです。

爆弾もそうです。

下から打ち上げて散開させるか、上から落として散開させるかの違いだけです。下から打ち上げれば平和を祈る花火になり、上から落とせば、敵を倒す爆弾になります。

戦争における爆弾は、経済にもつながります。対して花火はお金の無駄遣いかもしれないけれど、心ある表現者なら、こちらを選びます。

そこにあるのは子どものような心です。

画家の山下清さんは「世界中の爆弾が花火に変わったら、きっとこの世から戦争はなくなるのになあ」と言ったそうです。

山下清さんは、花火が好きで全国の花火を見て回り、長岡の花火も貼り絵にしています。長岡の花火にフィロソフィーを感じたからなのだと

山下清（やました・きよし） 1922−1971。画家。点描派風の貼り絵が高く評価され、「日本のゴッホ」とも呼ばれる。『この空の花 −長岡花火物語』では、元「たま」の石川浩司が山下清を演じた。

思います。

長岡では、毎年8月1日の夜10時30分に真っ白い花火が上がります。どうしてかといえば、昭和20年のその日その時間にアメリカ軍による焼夷弾攻撃が始まり、町が壊滅状態になったという歴史があるからです。その追悼のためです。

ドーンという音だけ聞いていれば戦争と同じです。

この映画をつくろうとした当時の長岡市長によれば、長岡の空襲で両親を亡くしたり、背中におぶっていた赤ちゃんを失ったりした人は、いまだに花火を見られないそうです。それなのにどうして花火を上げるのかといえば、「次の時代に生きる子どもたちには伝えていかなければならないからだ」と言います。

戦争を知らない子どもたちがまた戦争を始めたりしないように、未来の子どもたちの上から爆弾が落とされないように、下から花火を打ち上げることの素晴らしさを伝えているわけです。

今、「戦争の気配」が立っている…

長岡は、この戦争以前にも負けたことがある里です。明治維新の際には日本中を真っ二つにした争いがありました。**戊辰戦争**です。そのときに今現在も政権の中心にいる長州の皆さんが勝ち組になったわけです。

この戦いのあとには残念なこともありました。勝った側の人たちは、勝った里の人たちによる明治政府をつくってしまったことです。そこに

戊辰戦争　明治政府を樹立した薩摩藩、長州藩、土佐藩などの新政府軍と、旧幕府勢力、奥羽越列藩同盟が争った内戦。

坂本龍馬が加わっていたり、西郷隆盛が残っていたりすればバランスがとれたとも思いますが、そうはなりませんでした。

権力を手に入れた人たちが自分たちの政権をつくっていくのは歴史の常です。明治政府にしても、結果的には長州主導になりました。

西南戦争で西郷さんも死なせてしまったあとにはどうしたかといえば、日清戦争、日露戦争です。

他国を侵略していくことで国の経済を保っていくという誤った道を進んでいくことになってしまいました。

それが政治であり権力闘争です。

今の日本はそういう時代に戻ろうとしています。ぼくたちは体験者なので、それが見えます。同じ空気になっているのがわかるのです。

「戦争が廊下の奥に立つてゐた」という渡辺白泉さんの俳句があります

西南戦争 1877年に西郷隆盛を盟主に立てた鹿児島士族が起こした反乱。戦場は鹿児島だけでなく、熊本や宮崎などにも拡大した。日本国内で起こった最後の内戦とされる。

渡辺白泉（わたなべ・はくせん） 1913-1969。俳人。昭和初期に新興俳句運動を推進していた。戦後は俳壇を離れて活動。季語を持たない「無季俳句」で、戦争の本質を鋭く突く句を残した。

が、今まさに廊下の奥には戦争の気配が立っています。戦争中に死んだ友達が立っているだけでなく、ひょっとすると皆さんのお子さんも立つことになるかもしれない。

そういう時代にきているという切迫感があるのです。

その空気はぼくだけが感じているものではありません。

たとえば**塚本晋也**監督は『**野火**』という映画をつくりました。

そのときに彼はこう言ってました。

「大林さん、ぼくたちは〝戦前〟の人間です。『野火』という映画では、これからくるかもしれない戦争の恐ろしさをみんなに知ってもらい、こんな戦争が二度とこないようにしたいと努めたんです」

子どもたちとも変わらない感性で「戦前」を感じとり、強烈なメッセージを発する映画をつくったところが塚本くんの立派なところです。

塚本晋也（つかもと・しんや） 1960―。映画監督、俳優。89年に自主製作作品『鉄男』でローマ国際ファンタスティック映画祭のグランプリを受賞。91年の『ヒルコ／妖怪ハンター』（原作＝諸星大二郎、主演＝沢田研二）がメジャー映画第1作。

野火 1951年に大岡昇平が発表した小説。59年には市川崑監督が、2015年には塚本晋也監督が映画化した。塚本版は、塚本晋也が監督・脚本・製作・主演を務める自主製作スタイルの作品となった。

『きけ、わだつみの声』と『ビルマの竪琴』

戦争はある種のカタルシスを生みます。戦争映画もそうです。敗戦直後、占領下の日本では戦争映画を日本でつくることは禁止されていました。あろうことか、時代劇も禁止だったんです。ある意味、それは正しかったともいえます。時代劇には武士道の精神があります。主君のためなら命を捧げるという忠臣蔵を利用したのが大日本帝国です。忠臣蔵では武士たちが主君のために死んでいきます。日本でも主君のために戦争へ行って死ぬのがいいという教育をぼくたちは受けていました。そんな背景があるからこそ、戦争映画や時代劇をつくることが占領

忠臣蔵　江戸時代の「赤穂事件」を題材に歌舞伎や文楽の演目になった作品。赤穂藩の藩主・浅野内匠頭の仇討ちを家老の大石内蔵助率いる赤穂浪士が行った。

軍によって禁止されていたのです。

それでも、すぐれた製作者たちは占領軍の目を盗むようにして戦争映画をつくりました。関川秀雄監督の『きけ、わだつみの声』などもそうです。これは、学徒兵の遺書を集めた遺稿集『きけ　わだつみのこえ』を映画化したものです。

戦争は本当に恐ろしいもので、この映画を観れば、日本人が日本人を殺していた事実もわかります。そういうところまでを隠さず描いている作品です。純粋な軍国少年だったぼくたちは「これが戦争の正体だったのか!?」と衝撃を受けました。

こんな映画をつくれば映画界から追放されてもおかしくありません。命懸けの映画だったといえるわけです。

関川秀雄（せきがわ・ひでお） 1908－1977。映画監督。東宝で監督としてのキャリアをスタートさせたが、東宝を退社したあとフリーとして活動。テレビドラマ『白い巨塔』（67年）の監督なども務めた。

きけ、わだつみの声 正式名称は『日本戦歿学生の手記 きけ、わだつみの声』で、1950年公開。95年公開の出目昌伸監督『きけ、わだつみの声 Last Friends』はタイムスリップを軸にしたストーリーになった。

そういう映画だったからこそ、ぼくたちは戦争がどんなものなのかという真実を知ることができたのです。

その後、いつのまにか名画の時代がやってきました。

市川崑さんの『ビルマの竪琴』がその始まりにあります。戦場で日本の敗残兵が「埴生《はにゅう》の宿」を歌っていると、イギリス兵も英語で「埴生の宿」を歌い始めます。「埴生の宿」はもともとイギリスの民謡だから起きた現象です。イギリス兵たちが歌うのを聴いて日本の敗残兵はすでに敗戦しているのを知ります。時間が止まったようになる美しい場面です。それを観た子どもだったぼくは「こんなことってあるの？ こんなことがあったら戦争なんかないんじゃないの。うそだろう」って思ったものでした。

市川崑（いちかわ・こん） 1915－2008。映画監督。『ビルマの竪琴』（56年）、『野火』（59年）の他、『おとうと』（60年）など数々の名作を残している。

ビルマの竪琴 市川崑はこの作品を二度、映画化した。1956年版は三國連太郎らが出演するモノクロ作品。85年版は石坂浩二、中井貴一らが出演するカラー作品。

こういう名画によって「戦争が間違ったふうに伝えられるんじゃないか」という危機感さえ持ったのがぼくたちの世代です。子どもだったからこそ、大人のやることは信じていない面があったといえます。

崑さんのつくられた素晴らしい映画までを疑いの目で見ていたことは申し訳なく思いますが、崑さん自身、そういう見られ方をされるのを喜んでいたともいいます。そういうことは、のちに先輩たちとつきあうようになってから教えられました。

戦後まもないうちは観るのがつらいのが戦争映画でした。名画の時代を迎えると、「いい映画を観たな」という印象を残すものになり、その後はさらにアクション娯楽にまでなっていったのです。

どんな映画をつくるべきか、つくらないでおくべきか

日本で戦争映画がアクション娯楽になった第1号は『独立愚連隊』といえるかもしれません。これは岡本喜八監督が西部劇への愛情を込めてつくった映画です。

当時のぼくは映画館でこれを観て、「負けた日本で、こんな『駅馬車』みたいな映画を撮っていいの？」と怖い気さえしたものでした。

のちに岡本喜八さんと親しくさせてもらうようになると、このように教えてくれました。

「大林さんたちは日本に残っていたプリントで敗戦後に『駅馬車』を観たんでしょうけど、ぼくたちは戦前に観てるんです。戦前に観て、こん

独立愚連隊　1959年公開。岡本喜八が監督した戦争アクション映画で、『駅馬車』など西部劇へのオマージュが見られる作品。60年には『独立愚連隊西へ』が公開された。

岡本喜八（おかもと・きはち）　1924－2005。映画監督。『大菩薩峠』（66年）、『日本のいちばん長い日』（67年）、『ジャズ大名』（86年）、『大誘拐 RAINBOW KIDS』（91年）などが代表作。

な映画をつくりたいなと思って映画監督になったので『独立愚連隊』はそれを実現するために脚本を書いたものです。だけど、敗戦の経験も映画にしなければならないと思っていたので、そういう映画のシナリオも書きました。それが『肉弾』です」

喜八さんは2本のシナリオを会社に提出しましたが、会社は当然、客が入るかを考えます。それで『独立愚連隊』だけをつくる許可が出たそうです。

喜八さんの中には映画人として二人の人格がいたのだともいえます。一人は『駅馬車』に純粋に憧れている岡本喜八。もう一人は自分のアイデンティティをしっかり映画で伝えようとしている岡本喜八です。

それで喜八さんは奥さんと二人で製作費をかき集めることから始めて、『肉弾』をつくりました。

肉弾 1968年公開。ほぼ自費で製作されながら岡本監督の代表作に挙げられる。寺田農、大谷直子らが出演。

家を抵当に入れて身銭を切ってまでつくったのですから、この映画には喜八さんの思いが詰まっています。

そういう映画を観れば、「どういうことで映画をつくるべきか」「つくらないでおくべきか」といったこともわかってきます。

想像力を持って映画を〝体験〟していく。

そこからこうしたことを学んでいってほしいというのも、ぼくのフィロソフィーです。

ジャンルや技術ではなく、まずフィロソフィーありき

ぼくの場合、どんな映画をつくろうかと考えるところから映画をつく

森田芳光（もりた・よしみつ） 1950－

ったことは一度もありません。来るものは拒まずでやってきました。東宝という会社が初めて外部の人間に撮らせた映画が『ＨＯＵＳＥ／ハウス』（77）でした。ぼくはアマチュアだったのですから普通は考えられないことです。

このことは、森田芳光くんや大森一樹くんといったアマチュア出身の作家たちが企業の中で映画を撮る契機になったといえます。

フィロソフィーがあれば、純文学で撮ることもできるし、ホラー映画やコメディや悲劇でも撮れます。

自分は悲劇が好きだから悲劇を撮ろうというように考えるべきではありません。自分が伝えたいフィロソフィーを「どうすればうまく伝えられるか」ということを考えて選ぶようにすればいいのです。

2011。映画監督。学生時代から自主映画を製作し、借金して製作した『の・ようなもの』（81年）が劇場用映画第1作となる。松田優作主演の『家族ゲーム』（83年）や『それから』（85年）など、早い段階から名作を生み出していた。

大森一樹（おおもり・かずき） 1952-。映画監督。高校時代から自主映画を製作しており、『オレンジロード急行』（78年）が劇場用映画第1作になる。『ヒポクラテスたち』（80年）が高い評価を受け、その後もさまざまな話題作を監督。

ジャンルから先に選ぼうとする人は多いのですが、それは危険です。そういうやり方をしていると、フィロソフィーのない映画をつくることにもつながります。

枠組みを最初につくったあとに無理やりフィロソフィーをはめ込もうとするのは間違いです。

まずはフィロソフィーありき、です。

技術に関しても、ジャンルと同じような考え方ができます。やはりまずフィロソフィーありきで考えて、その映画を撮るためにはどの技術を使うのがいいかと選んでいくようにすべきです。

科学はどんどん進歩していきますが、科学文明の奴隷になってはいけません。アナログ代表の人間として言わせてもらうなら、「科学というものをだまくらかすようにして、いかに効果的に使ってやるか」が問われます。そこから先は技術論の講義になりますが、総論から始めていかないと、技術論は話せません。技術論を先に話してしまうと、原子力の使い方と同じように過ちを犯してしまいかねないからです。

ＣＧの名手とおだてられている人が「このＣＧ、すごいだろう！」というような映画をつくっていては先がありません。それよりむしろ、ＣＧの名手といわれる監督がＣＧなんかいっさいない普通の映画をつくり、「今はこれがつくりたかったんです」と言うほうがよほど健全です。

「バトンタッチ」でつくっていく平和

うちの父親は、立派な医学博士になれたはずなのに戦争のおかげでなれなかったわけですが、ぼくが子どもの頃にはこんなことを話してくれました。

「お父さんは医者になって名を上げようとかお金持ちになろうとか思ったことは一度もなかった。世の中に医者がいなくなればいいと願ってるんだ。だって、世の中から戦争がなくなり、誰もケガをしないで病気にならず、みんな健康だったら医者なんかいらないだろう。医者のいらない世界こそ平和なんだから、そういう時代がくるようにお父さんたちは医学の道に励んでいるんだ」

そんな父の息子として生まれてきたのだから、ぼくもそういう映画作家になろうと決めました。たとえていうなら、外科や内科のような診療科のひとつとして映画科があり、その科の医者になるようなものです。要するに〝よく効く薬のように人を癒やせる映画〟をつくっていきたいということです。

それ以外の映画は自分がつくるべきものではないと決め、そういう映画だけをつくってきました。

もし、世界が平和で……。空がうららかで空気がきれいで……。おじいちゃんから孫まで、家族みんなが健康だったなら……。その空の下の草原に家族で寝そべり、手をつないで過ごせます。

そうであるなら映画なんていらなくなるわけです。

そんな時代がくるまで、ぼくは映画を使って、自分が伝えるべきことを伝えていきます。

それがぼくのフィロソフィーでありアイデンティティです。

こうしたフィロソフィーがあるから、ぼくは映画をつくり、今ここにいるのだと思っています。

皆さんにも映画を無駄遣いしてほしくありません。

映画がゆるキャラのようになれば、何かの間違いで商売になるかもしれませんが、そういうことを考えていても仕方がありません。

たとえ餓死することになっても軍需産業でおいしいものを食べようなんて思わないこと……。そういう知性をみんなが持てば、いつか本当に世界は平和になります。それは権威や制度にできることではありません。アマチュアだからこそできることなんです。

黒澤さんにしても、本気でそうした映画の可能性を信じていました。だからこそ、「大林くん、続きをやってよ」ともなったのでしょう。

戦争はいつでもすぐに始められるのに、平和をつくるのには400年くらいの時間がかかります。

もしぼくに４００歳という寿命があるなら、ぼくの映画で世界中を平和にしてみせますが、４００年生きるのは現実として難しい。でも、ぼくが死んだあと続きをやってくれる人がいて、バトンタッチができるなら、いつかトータルで４００年になります。そうすれば、皆さんの孫かひ孫が映画をつくっている頃には「戦争って何のこと？」と言われる時代にできるのです。映画にはそれくらいの力と美しさがあります。

そのことを信じてください。それが、映画をつくろうという人間に求められる最低限の資格です。

映画の力を信じて、平和への祈りを少しずつでも刻み続けていく。

そのための歩みは遅くてもいいんです。

現実として世界が平和ではなく、アンハッピーなのだとしても、世界を平和でハッピーにできると信じる。

権力者にはできることではなくても、弱者だからこそそれができるというのがハッピーエンドの思想です。

そんな〝うそ〟を伝えて〝うそから出たまこと〟にしていくのが映画の役割です。そこに映画の素晴らしさがあるのです。

愛用しているディレクターズチェア
写真提供／PSC ©PSC

終章

最後のメッセージ

「がん」が教えてくれること

肺がんになったおかげで学べたこともあります。こういう言い方は変ですが、がんになるというのはなかなかいいものです。

肺がんというのは、すなわち胸にがんが住んでいるということです。がんも生きたいのでしょう。生きたいからぼくの肉を食い、ぼくの血を吸っている。だけど、それでぼくをこんなに痩せさせているがんはバカだともいえます。

自分たちが生きたいからといって、ぼくの体をいじめますが、ぼくが死んでしまえば、がんだって死ぬしかなくなります。

がんはぼくの宿子であり、ぼくはがんの宿主だからです。

ぼくはいつもがんに言ってます。

「おまえらはもっと賢くなれよ。自分が生きたいから俺をいじめるのはわかるけど、俺が死んじゃったらおまえらの住処《すみか》はなくなるんだぞ。おまえが宿子で俺が宿主なんだから、宿主の俺を少しはいたわって我慢してくれなきゃ俺が死んじゃうんだぞ」


人間は誰でも、自分がラクになりたいという欲望を持っています。できることなら冷暖房付きのいい家に住んで、おいしいものを食べ、遠くに行くときには車などに乗りたいと考えます。ラクなほうを選んで、欲に対して忠実に生きようとするわけです。そんな選択によって、どれだけ地球を汚して傷めてきたことでしょうか。

こうした欲望が人を戦争に向かわせ、人間同士に殺し合いをさせてしまう。そういう事実をよく理解しておくべきです。

地球の温暖化であれ、映画が腐敗してきていることであれ、地球上の人々が情報社会の奴隷になったことから起きています。

どんなことでも、知っているか知らないかというだけで勝負が決まってしまう面があります。

だからといって、知っているというだけで責任を果たした気になってしまうのは間違いです。知っているだけではなく行動をしなければならない。それができていない人たちが多すぎる気がします。

テレビには情報バラエティ番組が増えています。番組ごとにコメンテーターが出てきて、いろいろなことを解説しています。世界で起きていることを他人事として解説するのがとても上手な人たちです。だけどそ

地球の温暖化　二酸化炭素やメタンなどの「温室効果ガス」が増えすぎることによって起こる気温の上昇。車や飛行機の利用、電気の使用などが温暖化を進めることにつながるので、国や産業界だけでなく、個人個人の意識も問われる。

の人たちに「あなた自身はどうするんですか?」と聞いても答えてはくれません。当事者の立場になって考えることはできないからです。戦争の是非についてはみんなが語ります。だけど、その人たちに「あなたは戦争へ行くんですか?」と聞いても答えません。

若い人たちは常にそういうところを見ています。だから「大人たちに自分たちの未来は任せられない」と考えるようにもなるわけです。

若い人や子どもたちに見限られないためにも、一人ひとりが世の中で起きていることを他人事と考えず、自分のこととしてとらえて動かなければなりません。

メディアでは、忘れてはいけない国際的なことも、忘れていいようなスキャンダルも、変わらない情報のように伝えられます。

知ってはいるけど、知ってるだけですませてしまう。それが今の日本の危ないところです。

だけど、そういう社会にしてしまったのはぼくたちです。

この地球にとって、自然界にとって、本来、がん細胞であるぼくたちが欲望のままに生きてきたからです。

そうであるなら、がん細胞と同じようにいつか地球を滅ぼして自分も死ななければなりません。

近い将来、人間はそういう目に遭うぞと、ぼくの宿子であるがんが教えてくれています。

人間はもう少し利口になる必要があります。

冷暖房を我慢するとか、車に乗るのを我慢するとか……。

最近はむしろ若い人のほうに正気が芽生えてきているのかもしれません。「車より自転車がいいな」と考えるようになるなど、少しずつ変わってきているところが見受けられます。そういう部分をさらに進めていく必要があるのでしょう。こうした変化は、皆さんの中にある知性ではなく本能がそうさせているといえます。

天の意志です。

『花筐／ＨＡＮＡＧＡＴＡＭＩ』にしても、ぼくがつくったというより、天の意志によってつくらされたものであり、ぼくは作者として所属しているに過ぎません。

こうした映画が必要とされるというのは、恐ろしい時代がきているということです。早くこんな映画などは必要ない時代……、草原に行って、家族みんなで肩寄せ合って青空を見つめているのが日常であるような時代がくることをぼくは願っています。

そんな時代を引き寄せるために役立てられるのもまた映画です。

映画の力と美しさをどうか信じてほしい。そして、正しい意味での映画の使徒となり、聞こえてくる声に耳を傾けるようにしてください。映画はジャーナリズムでもあります。

映画に携わるジャーナリストとしては、伝えるべきことをいかに伝えていくべきかを考えて、できるだけ影響力を大きくする方法を考えていくべきです。それも忘れないようにしてください。

「シネマゲルニカ」という発想

自分でつくった言葉ですが、「シネマゲルニカ」という考え方ができます。**ゲルニカ**というのは**パブロ・ピカソ**が描いたあの絵です。

ゲルニカ　1937年にスペインのビスカヤ県ゲルニカがナチス・ドイツによって無差別爆撃を受けたことから、ピカソが描いた絵画。巨大な絵画でありながら約1カ月半という短期間で仕上げられ、パリ万博のスペイン館で展示された。

ピカソはもともと素晴らしい写実派の画家でした。生涯、写実派の絵を描いていても名匠として名を残せたはずです。ピカソが生きている時代であればそのほうが名を上げやすかったはずですが、あえてそうはしなかった。キュビズム（立体派）というものをつくり上げ、シュールレアリスム（超現実主義）と呼ばれる作品を残すようになったのです。

ゲルニカにしても、今でこそ名画の中の名画とされていますが、50年ほど前に日本で紹介されたときの扱いは違いました。「こんなものは絵じゃねえぞ。幼稚園児が描くより下手くそじゃねえか」と言われたものだったのです。ぼくは当時のその状況を目の当たりにしています。

しかし、そこにはピカソのフィロソフィーがあります。ゲルニカという絵は、第二次大戦の終わりにドイツ軍の攻撃によってピカソのふるさとであるゲルニカが崩壊した様子を描いたものです。もしそれを写真の

パブロ・ピカソ 1881-1973。スペインで生まれてフランスで活動した画家。創作スタイルを次々に変えていき、その作風によって「青の時代」「アフリカ彫刻の時代」などと分けられる。「ゲルニカ」をはじめ、「アヴィニョンの娘たち」などの名画を残した。

ようなリアルな絵で再現されていたならどうだったでしょうか?

衝撃的ではありますが、あまり見たくない。忘れたい、なかったことにしたい、とすぐに風化してしまいます。ましてや遠つ国である日本では、そんな町が焼けたことなんて関係ない、となるかもしれません。

しかし、あの絵であれば、そうして風化したり無視されてしまうことはないわけです。

ゲルニカがそうであるようにピカソが描く絵は、横顔に目が二つあるようなものです。大人から見れば、そんな絵はあり得ません。どうしてかといえば、大人はリアリズムというものを考えるからです。

だけどもし、幼稚園児や赤ん坊に絵を描く力があったなら違うかもしれません。いつも自分を見つめてくれているお母さんの両方の目を心で感じているので、横顔に二つの目を描くことだってあるのではないかと思います。後ろ姿であっても、二つの目を描くかもしれない。

そういう想像力によって描かれる絵こそが正気に近い絵なのです。

より神様が描いた絵に近づこうというフィロソフィーがあったともいえます。

それがゲルニカです。

だから、今でも小さな子どもがゲルニカの前に立てば、飽きずに見ています。

「この女の人はどうしてこんなにゆがんだような顔をしているの？　えっ、戦争があったの？　そのためにこの人の子どもが殺されたの。へえ、そんな戦争なんて、ないほうがいいや」

このようにして、ごく自然に素直に、戦争が嫌なものだというメッセージが世界中の子どもに伝わります。

ぼくは130歳くらいまで生きます

これまでぼくがつくってきた映画もゲルニカのようなものです。

シネマゲルニカです。

「こんなものは映画じゃない」と言われてもかまわないと考え、横顔に目が二つあるような映画をつくってきました。

戦争を描こうとしたときも、心にぐさっと突き刺さるような戦争の記録ではなく、その里に生きる人々の記憶を描いてきました。

シネマゲルニカという言葉を使うようになったのは『この空の花 -長岡花火物語』をつくった頃からですが、ずっとそうした発想で映画をつくってきたといえます。

こうした部分に関して、ぼくは勇気と自信を持っています。

横顔に目が二つあるような映画をつくっていれば、儲《もう》かりもしないし、ベストテンに選ばれることもまずありません。それでも、そういう映画をつくっていることを自分の誇りとして生きてきました。

そこにうそがあっても、まことを伝えています。


僕には妻がいて、家族がいます。

僕が売れない小説家になるのだろうと思っていながら一緒になってくれた妻は、ぼくと同じ年齢であり、東京大空襲を体験した人です。そうした戦争体験がぼくたちの絆になっているのだと思います。

娘と娘婿がいるので一家４人です。

愛する仲間であるスタッフやキャストもいます。

そして観客であってくださる皆さんに守ってもらっています。

そういう人たちがいて、映画をつくり続けていられるのです。

だからぼくは130歳くらいまで生きて、映画をつくっていかなければならないと思っています。そうしなければ、黒澤明さんや新藤兼人さん、今井正さんといった先輩がたに申し訳が立ちません。

戦争などはなくなり、映画なんてもういらない、となる日がくるまで、ぼくは映画をつくり続けていくつもりです。

もしぼくが、道半ばにしてこの世を去るようなことになったなら、そのときはどうか、続きを引き受けてください。

それだけは皆さんにお願いしておきたいと思っています。

おわりに

最後の講義でした。

映画でいえば「ジ・エンド」ですけど、僕たち映画人はこのジ・エンドを「ハッピーエンド」と呼んできました。

現実の世の中は、どこかで戦争が起きているアンハッピーであっても、平和という大うそを信じていれば、「うそから出たまこと」で、平和を引き寄せられます。

映画には、戦争を体験した先輩たちが積み上げてきた知恵と工夫の歴史があります。そして、なにより「戦争なんて嫌だ!」というフィロソフィーがあります。

その一部、いや核心を学んでもらえたのではないかと思っています。

映画人らしく、ジ・エンドの講義ではなく、ハッピーエンドから次へとつないでいける最初の講義にできたのではないかと思います。

きみたちは僕の未来です。

未来の平和を期待しています。

ぼくはまだ長生きするつもりですが、きみたちは、ぼくの知らない時代を生きることになります。ぼくが知っている戦争の時代ではない、ぼくが知らない平和な時代を見せてください。

そのためにも映画を使ってください。しっかり使いこなしてください。

自分が自分であるためには表現することです。

すべてに自分が責任を持てばいい。
正直に一生懸命、表現してください。

最後の講義を終えて、講義の様子を振り返ってみると、一人ひとりの顔が浮かんできます。
ぼくの話を聞き、ときには笑いながら、目をキラキラさせていましたね。

きみたちの目は未来を見つめているのでしょう。
未来を見つめるキラキラした目が、ぼくを見ている。
未来を思って、ぼくの話を聞いている。
ぼくにはそんなふうに感じられました。
きみたちのキラキラした目を見ていると、未来に希望が持てます。

希望のある未来に一緒に行けるんだという勇気をもらいました。

ぼくたちの世代の人間は、嫌で、暗いものばかり見てきました。

これからはそうではなく、明るく楽しく、穏やかなものばかりを見られるようにしてください。

そのためにも暗いものから目を背けないようにすること。それがきみたちの責務、ぼくも含めて映画にかかわるすべての人間の責務です。

世間の評判なんかは気にしなくていい。

ぼくたちの手で、嫌な世界を居心地のいい世界に変えてやろうじゃないか。

映画では、平和を引き寄せられます。

本当にそれができるんだから。

頼むよ、みんな。

君たちへ。
君たちは、
僕の未来です。
未来の平和を
期待します。

大林宣彦（おおばやし・のぶひこ）

映像作家。1938年1月9日、広島県尾道市生まれ。映像の魔術師と呼ばれている。自主製作映画を経て、山口百恵・三浦友和コンビ、チャールズ・ブロンソンなどを起用した新しいテレビCMを多数制作。1977年『HOUSE／ハウス』（77）で劇場映画に進出。1982～85年『転校生』『時をかける少女』『さびしんぼう』の尾道3部作で新たなファンを獲得。2016年8月に肺がんで余命3カ月を宣告されるも、2017年には『花筐／HANAGATAMI』を完成。2004年春の紫綬褒章受章、2009年秋の旭日小綬章受章。2019年文化功労者として顕彰。2020年4月には『海辺の映画館ーキネマの玉手箱』が公開予定。

装丁／新上ヒロシ（ナルティス）
装丁イラスト／ぱいせん
帯写真提供／PSC
編集協力／内池久貴
校正／荒川照実　佐藤明美
本文デザイン／松田修尚（主婦の友社）
編集担当／石井美奈子（主婦の友社）

〈番組制作〉
撮影／岡本 亮
音声／倉橋克明
取材／宇野真由美　古堤桂太
ディレクター／坂田能成
制作統括／内田俊一　古庄拓自　長澤智美
制作／NHKグローバルメディアサービス
制作・著作／NHK　テレビマンユニオン

最後《さいご》の講義《こうぎ》 完全版《かんぜんばん》　大林宣彦《おおばやしのぶひこ》

令和2年3月31日　第1刷発行

著　者　大林宣彦《おおばやしのぶひこ》
発行者　矢﨑謙三
発行所　株式会社主婦の友社
〒112-8675　東京都文京区関口1-44-10
電話　03-5280-7537（編集）　03-5280-7551（販売）
印刷所　大日本印刷株式会社

Printed in Japan　ISBN978-4-07-439121-9